Mixed Emotions

Christiansen's

Cocktailrezepte
für jede Gefühlslage

südwest

Mixed Emotions

Christiansen's

Cocktailrezepte
für jede Gefühlslage

südwest

Inhalt

BAR
Bargeflüster

Barpraxis

Chill-in & Chill-out

Cool Starters

Silent Whispers

„Ich servier euch das,
ich erklär euch das –
aber trinken
müsst ihr allein.“

Barkeeper: „Möchten Sie Ihren Wodka Martini geschüttelt oder gerührt?"
James Bond: „Sehe ich aus wie jemand, den das interessiert?"

Liebe Freunde des Cocktails,

meine Kreationen sollen zum Trinken sein! Keine dieser überladenen Obstcocktails, die vor Früchten und Crushed Ice die Suche nach dem trinkbaren Anteil schwierig machen. Mein Lehrmeister Frank Helmboldt lehrte mich bereits Anfang der 1980er-Jahre, dass für ein faszinierendes Geschmackserlebnis schon zwei Zutaten durchaus ausreichend sein können. Ein Teil meines Drink-Repertoires – egal wo ich diese gemixt habe, an Bord luxuriöser Kreuzfahrtschiffe, in Hotels in Griechenland, während meiner Zeit in Südafrika, in den Siebzigern als „Superbarkeeper" in Hohenwestedter Kneipen oder bis heute in meinen Bars – habe ich für Sie in diesem Buch zusammengestellt.

Es hat gedauert, diese Rezepte vernünftig und spannend in einem Buch zu präsentieren, bis der Autor Martin Lagoda mit der richtigen Idee kam. Ich hatte meinerseits mit Christian Lohfink den Fotografen gefunden, der meine Drinks ins richtige Licht setzen konnte. Zusammen wurden daraus die Mixed Emotions.

Den Mixanfängern gebe ich den guten Tipp: Halte Dich zuerst an die Rezepte und darauf aufbauend kannst Du experimentieren. Frei nach dem Motto: Probieren geht über Studieren! Sei aber behutsam im Umgang mit Alkohol! Die Qualität eines guten Drinks bestimmt sich nicht über die Menge an Hochprozentigem – die Kunst liegt in der Balance. Es gibt eine große Auswahl an Sirupen, exotischen Säften, Likören, Früchten und allerlei Alkoholika. Vieles schmeckt nicht nur pur. Es ist daher immer wieder eine Herausforderung, Zutaten zu kombinieren, um daraus einen neuen Cocktail zu kreieren.

Ich hoffe, das Buch regt an, meine Drinks nachzumixen ... und natürlich eigene zu entwickeln. Es soll kein Lehrbuch sein, sondern vielmehr die Freude an der großen Vielfalt der Mixdrinks wecken.

Mit diesen einleitenden Worten wünsche ich ausreichend Durst und jede Menge Spaß beim Mixen.

Ihr
Uwe Christiansen

FINE DRINKS & COCKTAILS
Zigaretten

Bar-geflüster

What's up in Town?

Mehr als Cocktails!

Uwe Christiansen

Die Drinks müssen bezahlt werden. Die Extras sind bei Uwe Christiansen inklusive: Partnervermittlung, Schweigegeld, Geburtseinleitung, Kurztherapie, Meditation, persönliches Entertainment, Beratung jeglicher Art. Zu jedem Anlass und allem, was der Tag in sich hatte und die Nacht noch bieten wird. Und immer ganz diskret. Die Drinks sind deshalb für einige Gäste nur ein Vorwand, um ins „Christiansen's" zu gehen.
Die Dialoge am Tresen handeln meist vom Durst und vom Leben und können sich deshalb wiederholen. Etwa in der Art:

> Stammgast: „Ich hätte gern einen Whiskey Sour und dann einen Tipp, was ich machen soll – meine Freundin lässt sich nicht mehr blicken."
> Uwe: „So, hier ist schon mal Ihr Drink. Ich höre mich mal um."

Uwe, nicht Herr Christiansen. Den Herrn Christiansen gibt es nur in Behördenschreiben. In Hamburg ist er der Uwe. Und auch sonst in vielen Cocktailbars auf dieser und der anderen Seite des Äquators, auf Kreuzfahrtschiffen und in Diskotheken: Uwe. So kennt man ihn, und wer in der Barszene einigermaßen Bescheid weiß, denkt automatisch an den Uwe vom Kiez.

Von der aufregenden Glitzerwelt der Reeperbahn zur Cocktailbar „Christiansen's" sind es nur ein paar Schritte. Wer hierhin kommt, hat das Grelle hinter sich gelassen. Musik-, Licht- und andere Showeffekte sind in dem leicht schummerigen Lokal nicht gewollt, es ist auf spektakuläre Weise unspektakulär. Der Inhaber passt mit seiner bulligen Figur und dem leuchtend glatten Schädel bestens ins Viertel, bleibt sogar eher unauffällig. Er mag auf den ersten Blick durchaus als Boxpromoter durchgehen. Oder als jemand, der im Amüsierviertel nebenan seinen schillernden Geschäften nachgeht. Spontan jedenfalls nicht wie einer, der mit Leidenschaft und Können aus geistigen Flüssigkeiten trinkbare Passionen mixt – aber genau das ist sein Ding. Und noch ein bisschen mehr: Ein Sour, ein Fizz oder ein Sling soll bei ihm nicht nur gut schmecken, sondern so unaufdringlich wie selbstverständlich auch die kleinen Dürste des Gemüts stillen.

Manchmal auch die großen. Denn die Befindlichkeiten können sehr unterschiedlich sein, es kommt immer auf die Situation an. Und dann punktgenau auf den richtigen Drink. Die folgende Szene könnte im „Christiansen's" nicht mehr überraschen, sie spielte sich so oder so ähnlich bereits dreimal ab.

> Hochschwangerer Stammgast: „Ich bin den Bauch leid. Ich will jetzt noch einmal meinen Lieblingscocktail bei Dir trinken."
> Uwe: „Deinen Lieblingsdrink, ich muss Dich warnen! Dein Kind wird dann innerhalb der nächsten Stunden auf die Welt kommen!"
> Dame kurz darauf: „Ich glaube, ich muss gehen. Es geht los."

Die Sicherheit im Umgang mit Umständen dieser Art ist bei Uwe Christiansen nicht antrainiert, sondern stellte sich in jahrelanger Berufspraxis hinter dem Tresen ein. Was vielleicht auch daran lag, dass er im Prinzip nie Barmixer werden wollte, sondern eigentlich immer schon war, weil er das Zeug dazu schlicht in sich hatte. Er musste es nur erst entdecken. Dahinter steckt eine lange Geschichte. Aber sie soll an dieser Stelle nur so kurz erzählt werden, wie man braucht, um einen Tequila Sunrise oder eine Piña Colada herzustellen.

Mitte der 1970er-Jahre war das Kaff Hohenwestedt in Schleswig-Holstein wahrscheinlich nur seinen damals 4000 Bewohnern bekannt; einer davon war Uwe Christiansen, nicht mehr 15 und auch noch nicht 20. In Hohenwestedt war so gut wie nie etwas los, außer in Uwes Kopf, durch den permanent Cocktail-Fantasien trieben. Sie waren naturgemäß einfach da, eine Erklärung lässt sich auch heute noch nicht finden. Der Vater führte einen Supermarkt und unterstützte die mehr und mehr durchsickernde Leidenschaft des Sohns bald mit Rezeptbüchern, bald mit Barequipment und schließlich auch mit besonderen Spirituosen, die man „da oben" im nördlichen Bier-und-Korn-Land wahrscheinlich nie für möglich gehalten hätte. Uwe, bis heute schwerpunktmäßiger Biertrinker, mixte los. Erst nur für den engsten Kreis in der eigens gebauten Kellerbar, dann für ausgelassene Partys in den Dorfkneipen. Nebenbei absolvierte er eine Lehre als Einzelhandelskaufmann, und als er sie mit Auszeichnung abgeschlossen hatte, entstand eine Dynamik, die ihn heute noch packt. Die in den Niederlanden ansässige Handelskette, zu der auch die elterliche Filiale gehörte, suchte nämlich gerade einen Supermarktmanager für Südafrika – Uwes Eintrittskarte in die große weite Welt der Bars und Theken.

Nur wenige Wochen später saß er bereits in Durban und verkaufte Lebensmittel. Aber nicht lange, denn die Lust aufs Mixen wurde so stark, dass sie sich endgültig durchsetzte. So stand er bald in der Bar „Charlie Parkers" in Kapstadt hinter dem Tresen und lernte erst einmal, was ihm für seine neue Rolle als Profimixer alles fehlte. Daran schloss sich in wechselnder Reihenfolge eine Unzahl weiterer Betätigungsarten und -orte an: Barkeeper, Co-Inhaber, PR-Manager und DJ in diversen Kapstadter Nachtclubs, Steward und Barchef auf mehreren Kreuzfahrtschiffen, darunter die Queen Elizabeth 2, kurze Rückkehr in die alte Heimat („war nicht mehr meine Welt") und ein Ausflug nach Griechenland. Nie ohne schöne Frauen und oft mit seinem Kumpel und ersten Lehrmeister Frank, den er in Südafrika kennenlernte und mit dem ihn seitdem eine enge Freundschaft verbindet. Schließlich landete er in Hamburg, wo er buchstäblich von heute auf morgen den Aufbau und die Eröffnung der späteren Kult- und Szenebar „Angie's Nightclub" auf der Reeperbahn übernahm. Ohne Papiere, ohne Vertrag, aber sofort – als Idealbesetzung musste er flexibel sein. „Ich bin", erinnert sich Uwe Christiansen, „den Ereignissen nie hinterhergelaufen, sie waren immer hinter mir her, und manchmal haben sie mich sogar überholt."

Von Ersparnissen kaufte er sich seine Bar, die vorher berühmt war als „Meyer Lansky's" und dann seinen Namen trug. Nur ein knappes Jahr später war sie schon Sieger im Playboy-Wettbewerb „Bar des Jahres"; für sämtliche andere Auszeichnungen, die sich in einer langen Liste auf www.christiansens.de nachlesen lassen, braucht man noch einen oder zwei Longdrinks mehr, um während des Lesepensums nicht zu verdursten. Die Auswahl an Drinks kann sich sehen lassen: Der Gast muss sich zwischen insgesamt 200 Cocktails auf der aktuellen Karte entscheiden. Es gibt eine namentlich geführte Gästekartei, in der jederzeit individuelle Vorlieben nachgeschlagen werden können. Der Rest befindet sich im All-Time-Archiv und über 600 Büchern und Hunderten von Barkarten. Schwerpunkt: Klassiker, populär gemixt.

Das alles sollte man sich von Uwe Christiansen lieber nicht im Hochbetrieb erzählen lassen wollen. Er hat zu tun. Und es könnte auf der anderen Seite des Tresens einer auf dem Hocker hocken, der immer noch wartet.

> Stammgast: „Bitte noch einen Whiskey Sour – schon etwas über meine Freundin herausgefunden?"
> Uwe: „Hier bitte, Ihr Glas. Man erzählt sich, sie erwarte von Ihnen eine Entschuldigung, Sie wüssten schon. – Sie wissen, wo der nächste Blumenladen ist?"

Uwe Christiansen dürfte, wie so oft, auch diesmal mehr über den Gast und seine Lage erfahren haben, als er zu erkennen gibt. Er sei, so erzählt er, „nicht der Kumpeltyp, der jedem Gast um den Hals fällt, ihn hofiert oder plump vertraulich wird. Wer sich als Barmensch auf eine Kumpanei einlässt, verliert über kurz oder lang seinen Gast. Promis und Normalos, Arme und Reiche, alle werden bei mir gleich behandelt. Ich halte Distanz zu meinen Gästen und trinke nie mit ihnen." Auch wenn es mal ein Oscargewinner ist (welcher das ist, erfährt man natürlich nicht) oder andere Größen und Weltstars, die sich ab und an auf einen Cocktail einfinden. „Ich greife nie zum Telefon und rufe die Boulevardpresse an, nur damit am anderen Tag unter einem Foto meine Bar erwähnt wird." Was im Übrigen auch für seine beiden anderen Bars gilt, „Das Herz von St. Pauli" und die „Bar Cabana".

Aber wenn sich, wie gerade jetzt, das Telefon meldet, greift er natürlich schon zum Hörer. Und scheint seine Erwartungen bestätigt zu sehen.

Uwe: „Ach, so schnell? Und was ist es?"
Dann zu Eyck, seinem Barchef:
„Das Baby ist schon da – ein Junge!
Der Lieblingsdrink hat wie immer noch am besten geholfen."

Später findet sich ein Pärchen ein, und Uwe weiß, dass die Dame vom horizontalen Gewerbe ist, und ihr Begleiter das natürlich niemanden wissen lassen möchte. Aufpassen also, kurz die Kollegen ins Bild setzen! Es ist einiges mehr los an diesem Abend: Hier möchte ein Gast zahlen, da sind die Knabbereien ausgegangen, wieder ein anderer möchte eine Cocktailberatung, ein vierter will nur mal guten Abend sagen, ein fünfter möchte mit der Dame vom Nebentisch bekannt gemacht werden, und einen sechsten, siebten und achten mit irgendetwas wird es sicher gleich auch noch etwas geben. Uwe Christiansen nennt das den „Tanz hinter der Bar", für den er sich eine immer wieder neue Choreografie zurechtlegt, um für jeden Gast präsent zu bleiben.

Es ist auch schon vorgekommen, dass ein einzelner Herr an einem Tisch saß und an einem anderen Tisch eine einzelne Dame. Dann denkt der Barkeeper, dass es doch schön wäre, wenn er die beiden zusammenführen könnte. Welche Strategie, welches Getränk würde wohl passen? Ein Fizz? Es wird in jedem Fall ein Cocktail mit jener Zutat sein, mit der Uwe aus einem Drink einen Schluck Leben macht.

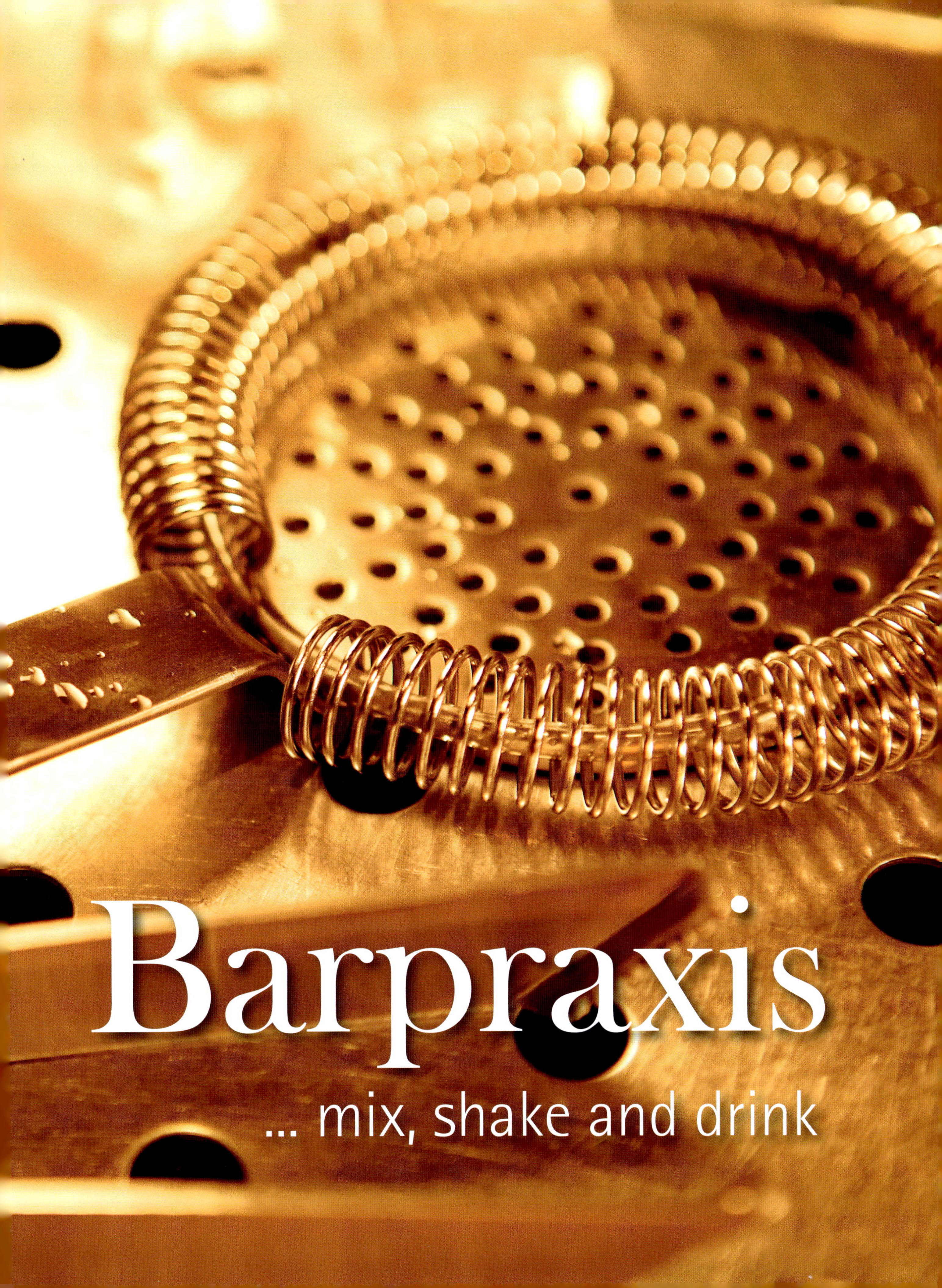

Barpraxis

... mix, shake and drink

Getränke mit Alkohol ...

Amarula
Südafrikanischer Creme-Likör aus der Marulafrucht.

Amaretto
Italienischer Mandellikör.

Aperol
Italienischer Aperitif aus u. a. Rhabarber, Bitterorangen und Chinarinde.

Baileys
Irische Likörmarke aus Irischem Whiskey und Sahne.

Brandy
Englische Bezeichnung für Weinbrand.

Cachaça
Brasilianischer Zuckerrohrschnaps (Aguardente de cana) aus frischem Zuckerrohr.

Campari
Herbbitterer Aperitif aus Italien. Im geheimem Rezept finden sich Rhabarber, Orangen und Gewürze.

Cassis
Schwarz-roter Likör aus schwarzen Johannisbeeren; aus dem Burgund in Frankreich.

Champagner
In Flaschen nach traditioneller Methode vergorener Schaumwein, der aus dem Bereich Champagne in Frankreich stammen muss. Der beste Schaumwein.

Chartreuse
Französischer Likör, der nach einem Geheimrezept aus 130 Kräutern und Pflanzen hergestellt wird.

Cognac
Hochwertiger Weinbrand aus Frankreich. Darf nur in der Region Cognac hergestellt werden.

Cointreau
Eleganter französischer Likör, der u. a. aus bitteren Orangeschalen hergestellt wird.

Creme de ...
Getränkenamen, die mit Creme de ... beginnen, bezeichnen dickflüssige Liköre (siehe Likör).

Curaçao
Ursprünglich Orangenliköre. Der Name ist nicht geschützt und wird deshalb von den Herstellern unterschiedlich verwendet.

DOM Benedictine
Jahrhundertealter französischer Kräuterlikör aus einem Benediktinerkloster.

Escorial Grün
Hochprozentige Spirituose deutscher Herstellung nach einem Geheimrezept.

Galliano
Traditioneller Likör aus Italien, schmeckt vanillig.

Gin
Hochprozentiges Wacholder-Destillat.

Grand Marnier
Hochwertiger französischer Orangenlikör.

Likör
Spirituosen mit einer Geschmacksrichtung, z. B. Kirsch. Sie enthalten je nach Rezeptur Zucker, aromatische Stoffe, Auszüge von Pflanzen und/oder Früchten sowie ätherische Öle.

Licor 43
Einer der ältesten Liköre der Welt aus Spanien. Enthält 43 geheime Zutaten, überwiegend Kräuter.

Lillet Blanc
Französischer Aperitifwein aus Bordeaux.

Lufthansa Cocktail
Likörspezialität mit Orangen-Aprikosen-Note.

Malibu
Kokosnusshaltiger Rumlikör.

und ohne

Pernod
Hochprozentige französische Spirituose aus Anis. Enthielt früher Absinth.

Pimms No 1
Urenglische Spezialität, wird auf Ginbasis nach einem Geheimrezept hergestellt.

Portwein
Roter oder weißer portugiesischer Südwein.

Prosecco
Italienischer Perlwein („Frizzante") oder Schaumwein (Spumante); enthält weniger Alkohol als Sekt.

Rum
Wird aus Zuckerrohr oder Rohrzuckermelasse hergestellt. Überall wo Zuckerrohr wächst, gibt es auch Rum, teilweise wird er lange gelagert. Rhum agricole ist ein Hinweis auf frisches Zuckerrohrdestillat.

Tequila
Mexikanischer Schnaps aus einer kaktusähnlichen Pflanze (Agavenart).

Vermouth (Wermut)
Alkoholhaltiges Getränk, das aus Wermutkraut (Absinth) gewonnen wird. Zu den bekanntesten Marken gehört Cinzano, Punt e Mes, Noilly Prat. Die deutsche Bezeichnung ist Wermutwein.

Vodka, Wodka
Hochprozentiges, weich schmeckendes Destillat aus Getreide (selten aus Kartoffeln). Der Ursprung ist Osteuropa.

Whiskey und Whisky
Hochprozentiges Destillat, aus Getreide oder mit überwiegendem Maisanteil (Bourbon aus den USA). Es gibt gemischten „Blended Whisky" oder sogenannte „Single Malts" aus nur einer Destillerie.

Ginger Ale
Alkoholfreie Limonade mit Ingweraroma.

Grenadine
Sirup, der ursprünglich aus Granatäpfeln hergestellt wurde. Heutige Grundlage sind oft verschiedene Beerensorten.

Kombucha
Alkoholfreies Getränk auf der Basis von fermentiertem Tee.

Limejuice
Alkoholfreier Getränkezusatz auf Limettenbasis mit Zucker und Fruchtanteilen.

Limonade
Alkoholfreies, gesüßtes Erfrischungsgetränk mit Fruchtgeschmack.

Nektar
Alkoholfreies Fruchtsaftgetränk mit 25 bis 50 Prozent Fruchtanteil.

Red Bull
Trendiger, sogenannter Energy Drink

Saft
Aus 100 % Obst oder Gemüse gewonnenes Getränk ohne Zuckerzusatz.

Sirup
Zum Verdünnen oder als Zutat: Sirup wird aus zuckerhaltigen Flüssigkeiten, z. B. Säften, gewonnen.

Sodawasser
Ein leicht laugig schmeckendes Tafelwasser, das pro Liter mindestens 570 mg Natriumhydrogencarbonat (Natron) sowie Kohlensäure enthält.

Team Spirit Tee
Kräuter-Grüntee mit Namen „Team Spirit" von der Firma Samowa.

Hardware

Barsieb (Strainer)
Das Spiralsieb hält beim Abgießen aus dem Shaker ins Trinkglas alle festen Zutaten zurück, die nicht mit hinein sollen.

Flaschenöffner, Korkenzieher
Keine Bar und kein Haushalt ohne!

Barmesser
Macht alles klein: Obst, Gemüse, Kräuterstängel ...

Trinkhalme
Gehören zum Stil vieler Drinks, erfreuen das Auge und erhöhen spielerisch das Trinkvergnügen.

Cocktailspießchen
Assistiert bei der Dekoration: Spießt Stücke von Obst oder Gemüse auf, bietet sich zum Umrühren an und hilft beim Herausfischen von allem, was im Trinkglas schwimmt.

Barlöffel
Oft gefragtes Helferlein beim Rühren und Abmessen: Die Mulde fasst etwa einen halben Zentiliter.

Messbecher
Präzision ist seine Stärke – er sorgt für die richtige Dosis der Zutaten.

Eis- und Fruchtzange
Zum exakten Dosieren von Eis im Glas und für Kirschen und Oliven.

Stößel, Stampfer, Muddler
Gehen effizient zu Werke, wenn Limetten und Minze im Glas aus- bzw. angedrückt werden müssen.

Quirl, Swizzle Stick
Zum leichten Verrühren verschiedener Zutaten oder um ein Zuviel an Kohlensäure auszugleichen.

Bar- oder Rührglas
Hauptsächlich zur Herstellung von Short Drinks. Wird auch als Rühr- oder Mixglas bezeichnet.

Mixbecher (Shaker, Boston-Shaker)
Zum Schütteln (nicht zum Rühren), damit sich alle Zutaten gleichmäßig verbinden. Die Kappe – gut festhalten! – stellt sicher, dass selbst bei dynamischstem Shaken kein Tropfen verloren geht.

Blender
Ein elektrischer Mixer, der die Zutaten mit einem eingebauten Quirl mischt.

Elektrischer Mixer
Kommt zum Einsatz, wenn Früchte und Gemüse püriert oder schwer mischbare Zutaten gemixt werden sollen.

Fruchtpresse (Squeezer)
Nicht zu unterschätzen – denn frisch gepresster Saft schmeckt um einiges besser als fertig gekaufter.

Sparschäler
Schneidet die Schale von Zitrusfrüchten in flache, dekorative Spiralen.

Zestenreißer, Kanneliermesser
Kleine Hilfsmittel, mit dem die Schale von Zitrusfrüchten in haarfeinen Streifen abgezogen wird.

Fachbegriffe

Shaken, schütteln

Zutaten nach Rezeptangabe in den Shaker geben, mit der Kappe gut verschließen und kräftig schütteln, bis sich alle Zutaten gleichmäßig miteinander verbunden haben.

Rühren

Die Zutaten werden im Mix- oder Trinkglas unter Verwendung von Eis so lange verrührt, bis sie gut durchgekühlt sind.

Swizzeln, verquirlen

Die Zutaten im Trinkglas leicht verrühren.

Strainen, abseihen

Cocktailmischung durch den Strainer (Barsieb) ins Trinkglas abgießen, wobei feste Bestandteile (meist Eis) im Sieb des Strainers zurückgehalten werden.

Doublestrainen, Doublestrain-Verfahren

Eine flüssige Mischung, die z. B. zerdrückte Kräuter, Obststücke oder Tee enthält, zuerst durch den Strainer (Barsieb) und dann noch einmal durch ein feines Teesieb ins Trinkglas abseihen.

Floaten, Float

Eine kleine Flüssigkeitsmenge wird sehr behutsam als letzte obere Schicht auf den Drink gegeben. Sie sollte sich nicht mit dem Glasinhalt verbinden und für ein optisch reizvolles Farbspiel sorgen. Das „Schwimmenlassen" funktioniert am besten, indem man die Flüssigkeit über den Rücken eines Teelöffels laufen lässt.

Sink, einsinken lassen

Dem Floaten ähnlich: Auf den fast fertigen Drink wird sehr behutsam eine letzte kleine Flüssigkeitsmenge gegeben, die sich nicht mit dem Glasinhalt verbinden, sondern am Glasinnenrand tief einsinken soll.

Einreiben

Den Rand eines Glases mit einem Fruchtstück oder einem Minzeblatt anfeuchten. Meist als Vorbereitung für einen Salz- oder Zuckerrand oder aber um zusätzlich eine feine aromatische (Duft-)Note zu erzeugen.

Salz- oder Zuckerrand

Optisch und geschmacklich reizvoll: Der Rand des Trinkglases wird angefeuchtet und anschließend in Salz oder Zucker gedrückt, sodass die Kristalle an der Glaskante haften bleiben.

Abspritzen

Den Saft einer Zitrusfrucht oder das Öl aus der Schale direkt ins Trinkglas pressen.

Frozen Cocktail

Dafür braucht man einen elektrischen Mixer: Alle Zutaten werden zusammen mit Crushed Ice zu einer sorbetartigen Masse verarbeitet.

Vorkühlen

Gläser vor der Verwendung ins Kühlgerät stellen oder so lange mit Eis ausschwenken, bis sie kalt sind.

Zerdrücken

Meist sind es Limetten, die im Glas mit dem Stößel angedrückt werden, damit sie Saft und Schalenaroma abgeben, bevor weitere Zutaten hinzukommen. Zitrusfrüchte immer nur kurz zerdrücken, da bei längerem Bearbeiten unerwünschte Bitterstoffe mit ausgepresst werden.

Gläser

Viele Drinks haben allein schon aus historischen Gründen ein bestimmtes Glas. Bei anderen spielt es natürlich eine Rolle, wie viel Flüssigkeit ins Glas passen muss und dass die Zutaten teilweise ein Glas auch vorgeben, wie z. B. ein Champagnerglas für Champagnercocktails. Ansonsten ist auch Kreativität durchaus angebracht. Hier eine ausreichende Auswahl von Trinkgefäßen.

Martini-Cocktail-Spitzglas
Blechbecher
"Splice the Main Brace!"
BRITISH NAVY
PUSSER'S RUM
Tiki-Mug
JACK DANIEL'S
LYNCHBURG LEMONADE
Sour-Glas
Lynchburg-Glas
Henkelglas
Champagnerglas
Tumbler

Zutaten

Eiswürfel & Crushed Ice

Eis sollte möglichst trocken sein und nicht im eigenen Schmelzwasser liegen. Das Eis aus dem Shaker besser nicht in den Drink gelangen lassen, weil es gebrochen ist und den Glasinhalt schnell verwässern würde. Crushed Ice kann man leicht selbst herstellen: Eiswürfel auf ein Küchentuch legen und es zu einem Beutel wickeln. Anschließend mit dem Fleischklopfer bearbeiten, bis die Würfel in größere Einzelteile zerlegt sind. In vielen guten Supermärkten und an Tankstellen kann man Eiswürfel und Crushed Ice fertig kaufen.

Zesten

Haarfein geschnittene Schale von Zitrusfrüchten. Man stellt sie am besten mit einem Zestenreißer oder Kanneliermesser her.

Spirale

Die mit einem sehr scharfen Messer oder einem Sparschäler in flachen Streifen abgeschnittene Schale meist von Zitrusfrüchten. Eine Spirale ist meist etwa eine Handbreit lang oder länger.

Julienne

Sehr dünne und schmale Streifen von Obst oder Gemüse.

Obst & Gemüse

Immer frische Produkte in bester sortentypischer Qualität verwenden!

Ausnahme: Kirschen! Falls nicht anders angegeben, sind Cocktailkirschen aus dem Glas gemeint.

Würzende Zutaten

Die Muskatnuss ist das am häufigsten verwendete Küchengewürz in der Bar. Sie sollte immer frisch auf den Drink gerieben werden, weil sie nur dann das beste Aroma hat. Auch Ingwer, Zimt und Worcestershiresauce können einem Cocktail das gewisse Etwas geben.

Bitters

Alkoholhaltige flüssige Würzmischungen mit ausgeprägt bitterem Geschmack, die nur tröpfchenweise verwendet werden. Es gibt verschiedene Geschmacksrichtungen.

Tabascosauce

Säuerliche, dünnflüssige Chilisauce auf der Basis von Tabasco-Chilis; sehr scharf.

Worcestershiresauce

Klassische britische herzhafte Würzsauce. Sie ist konzentriert und wird normalerweise zum Kochen verwendet.

Chilischoten

Vorsicht bei der Dosierung: Die Schärfe darf den Geschmack der anderen Zutaten nicht überlagern. Fingerspitzen, die während der Zubereitung mit dem Fruchtfleisch Berührung hatten, anschließend nicht mit Schleimhäuten in Kontakt bringen! Der schärfste Teil der Chilischoten sind die innen liegenden kleinen Samen.

Eiweiß

Wenn Eiweiß in der Zutatenliste auftaucht, ist immer frisches Eiweiß gemeint – und es sollte auch ganz frisch sein! Eiweiß verleiht dem Drink eine cremige Optik und sorgt für eine leichte Bindung.

Rohrzucker

Zum Süßen gibt es weißen und braunen Rohrzucker. Meist wird weißer Rohrzucker aus frischem Zuckerrohr verwendet, weil er sich im Gegensatz zu braunem besser auflöst. Brauner Rohrzucker ist besser für die Zubereitung von Tee oder Backwerk geeignet.

Snacks

Wenn knusprig-würzige Mandeln oder Nüsse erst einmal auf dem Tisch stehen, ist die Schale meist sehr schnell leer. Der kluge Barchef bereitet daher gleich eine größere Menge zu. Restliche Nüsse oder Mandeln lassen sich in gut verschließbaren Gläsern aufbewahren – zumindest theoretisch, denn es wird kaum Reste geben.

Pikante Curry-Cashews

2 TL Currypulver
1/4 TL Cayennepfeffer
1/4 TL Muskatnuss, frisch gerieben
1 Msp. Pfeffer aus der Mühle
1/2 TL Salz
1 EL brauner Rohrzucker
1 Eiweiß, leicht verschlagen
250 g Cashewkerne

Ofen auf 200 °C (180 °C Umluft) vorheizen. Gewürze und Zucker mit dem Eiweiß gut verrühren und mit den Nüssen vermischen. Nüsse nebeneinanderliegend auf ein mit Backpapier ausgelegtes Blech verteilen. Im Ofen auf der mittleren Schiene 8-10 Minuten rösten.

Mild-rauchige Paprika-Nüsse

250 g gemischte Nüsse nach Belieben oder nur die Lieblingssorte
1-2 TL Öl
1/2–1 TL Rauchsalz
1 TL süßes Paprikapulver

Ofen auf 200 °C (180 °C Umluft) vorheizen. Nüsse mit Öl und anschließend mit Rauchsalz sowie Paprikapulver mischen. Auf ein mit Backpapier ausgelegtes Backblech verteilen und auf der mittleren Schiene 8 bis 10 Minuten im Ofen rösten.

Exotische Knusper-Mandeln

2–3 EL Öl
250-280 g geschälte Mandeln
1 Prise Cayennepfeffer oder 1 TL Pul Biber (türkische Paprikaflocken; etwas milder)
1 TL Zimtpulver
1 TL Kreuzkümmelpulver
90 g brauner Rohrzucker
Saft von 1/2 Zitrone
Salz, Pfeffer aus der Mühle

Ofen auf 150 °C vorheizen. Öl in einer Pfanne erhitzen. Mandeln, Cayennepfeffer (oder Pul Biber), Zimt und Kreuzkümmel sowie 60 g Zucker hineingeben. Mandeln darin verrühren, bis der Zucker geschmolzen ist und die Mandeln gleichmäßig von der Würzmischung überzogen sind. Zitronensaft aufträufeln und alles gut verrühren. Mandeln mit Salz und Pfeffer würzig abschmecken und nebeneinander auf ein mit Backpapier ausgelegtes Blech verteilen. Für etwa 5 Minuten in den Ofen schieben, bis die würzige Umhüllung der Mandeln leicht fest geworden ist. Die Mandeln herausnehmen, etwas abkühlen lassen und mit dem restlichen Zucker bestreuen.

Airinha, Seite 34

Chill-in &

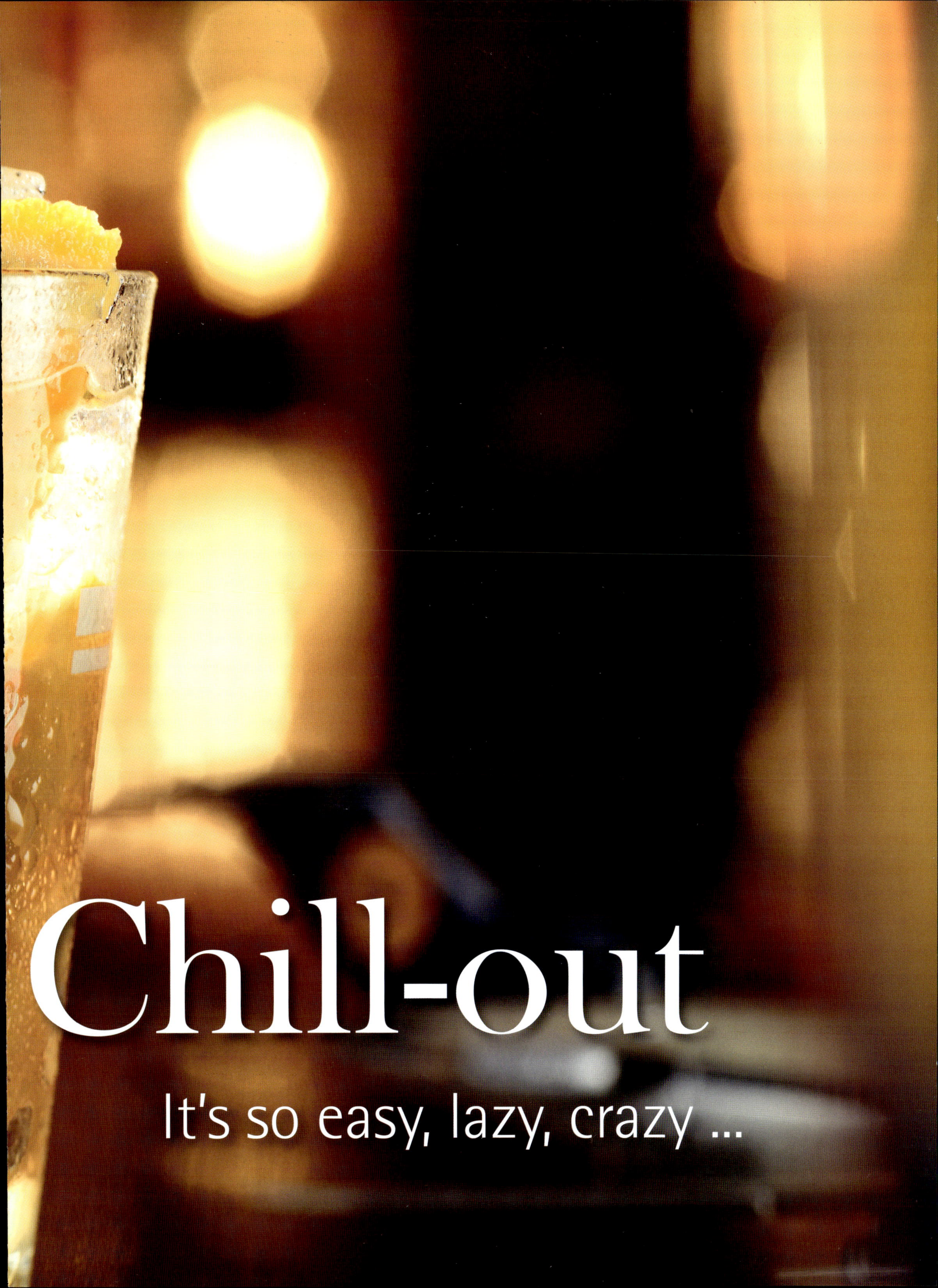

Chill-out

It's so easy, lazy, crazy ...

Eigenkreation von Uwe Christiansen 2002.

Doctor's Morning Tea

Eiswürfel

Großes Fancyglas

4/8 Limette
2 cl Karamellsirup
4 cl Pampero Ron Anejo especial
Cranberrysaft
Kombucha

Deko: Karambolescheibe und Kirsche

Limettenachtel im Glas zerdrücken, Eiswürfel, Karamellsirup und Rum dazugeben, umrühren. Mit Cranberrysaft das Glas zu zwei Dritteln auffüllen und aufrühren. Das Glas mit Kombucha auffüllen. Karambole und Kirsche an den Glasrand stecken.

Christiansen's-Barchef Eyck Thormann wurde mit diesem Drink Landesmeister bei den Cocktailmeisterschaften in Hamburg/Schleswig-Holstein.

Elder Tea

Eiswürfel
Shaker
Teesieb
Barsieb

Fancyglas

4 cl Hendricks Gin 44 %
2 Barlöffel Team Spirit Kräuter-Grüntee
2 cl Limejuice
1,5 cl Holunderblütensirup
6 cl Cranberrysaft

Deko: Karambolescheibe und Kirsche

Gin und Tee in ein Extraglas geben und ca. 2 Minuten ziehen lassen. Den Tee durch ein Teesieb in den Shaker sieben. Die anderen Zutaten dazugeben und alles mit Eiswürfeln shaken. In das mit Eiswürfeln gefüllte Fancyglas abseihen. Karambole und Kirsche an den Glasrand stecken.

Alkohol bleibt Alkohol, egal aus welcher Flasche er kommt. Vor allem Süßes kann gefährlich werden: Je mehr Zucker im Drink, desto größer das Risiko eines dicken Kopfes am ‚morning after'. Klare Spirituosen wie Korn und Wodka stehen im Ruf, besser zu bekommen, aber auch sie machen betrunken.

Der Drink wurde zusammen mit Christian Rach für das TV-Restaurant entwickelt und wird dort auch heute noch serviert. Die Serie spielt im Slowman, einem Ausbildungsrestaurant im Hamburger Chilehaus.

Slowman

Crushed Ice

Double Old Fashioned Glas

8/8 Limette
10 Minzeblätter
1 Barlöffel Rohrzucker
1/2 Glas Mineralwasser
1,5 cl Holunderblütensirup
1/2 Glas Ginger Ale

Deko: je nach Saison Holunderblüten oder Minzeblätter

Limettenachtel mit Minze und Rohrzucker leicht zerdrücken. Mineralwasser und etwas Crushed Ice ins Glas geben, umrühren. Holunderblütensirup und Ginger Ale dazugeben, wieder umrühren. Das Fancyglas mit Crushed Ice auffüllen.
Je nach Saison mit Holunderblüten oder Minzeblättern dekorieren.

Der legendäre Likör „Lufthansa Cocktail" (ganz salopp auch „Pilotensuppe" genannt) war jahrelang vom Markt verschwunden. Auf Uwes Betreiben hin ließen sich Berentzen und die deutsche Fluggesellschaft darauf ein, die Produktion wieder aufzunehmen. „Lufthansa Cocktail" wurde wenig später beim Internationalen Spirituosenwettbewerb mit Gold ausgezeichnet und 2006 Markenspirituose des Jahres.

Airinha

Crushed Ice	4/8 Orange
Shaker	4/8 Limette
Trinkhalm	1 Barlöffel Rohrzucker
	5 cl Lufthansa Cocktail
Tumbler	

Orangen- und Limettenachtel mit Rohrzucker sanft zerdrücken. Lufthansa Cocktail und Crushed Ice dazugeben und umrühren. Trinkhalm einstecken.

Entwickelt für Lars Wallin, Glamour-König und Hofdesigner am schwedischen Königshaus, anlässlich einer Modenschau, die er in Hamburg gab.

Lars

Shaker	1,5 cl Uwe Christiansens Likör von der Melone
Kugelausstecher	oder ein anderer grüner Melonenlikör
Ø 2 cm	1,5 cl Absolut Kurant
	1,5 cl Lime Juice
Champagnerglas groß	Mosel Riesling, trocken und gut gekühlt

Deko: Salatgurken- und Wassermelonenbällchen

Melonenlikör, Absolut Kurant und Lime Juice kurz shaken. Mit kühlem Riesling auffüllen. Mit dem Kugelausstecher Salatgurken- und Wassermelonenbällchen ausstechen und ins Glas geben.

Uwes Version eines Drinks, den es in zahllosen Variationen gibt. Hier ergänzen sich Orangesaft und Cointreau zu einem verführerischen Orangenaroma.

Orangenflip

Shaker	2 cl Gordon's London Dry Gin
Barsieb	2 cl Cointreau
	4 cl Orangensaft
Sourglas	1 cl Sahne
	1 Eigelb

Deko: frisch geriebene Muskatnuss

Alle Zutaten in den Shaker geben, kräftig und lange schütteln. Ins Glas abseihen. Etwas Muskatnuss darüberreiben.

Ein Drink von Uwe Christiansens Lehrmeister und Freund Frank Helmboldt aus der Globetrotter-Bar auf Rügen. Mit dem Barprofi arbeitete er viele Jahre in Südafrika zusammen.

Xhosa Mama

Eiswürfel	2 cl Uwe Christiansens Likör von der Kaffeebohne
Shaker	oder ein anderer Kaffeelikör
Barsieb	2 cl Uwe Christiansens Likör vom Ei
	oder ein anderer Eierlikör
großes Fancyglas	2 cl Licor 43
	12 cl kalte Milch

Deko: Früchte (je nach Saison)

Alles im Shaker kräftig schütteln und in das große, mit Eiswürfeln gefüllte Fancyglas abseihen. Früchte an den Glasrand stecken.

Uwes Barchef Eyck Thormann hat ein Faible für Kräuterliköre. Einer seiner Lieblinge ist der Hit der 1960er, der Escorial, und daraus erstand 2010 dieser Drink. Er taucht auch in den Rezeptbüchlein von Escorial auf.

Basil & It

Shaker
Teesieb

Martini-Cocktail-Spitzglas

5 cl Escorial Grün 56%
2 cl Limettensaft
2 cl Zuckersirup
6–8 Basilikumblätter

Deko: Basilikumblatt

Alle Zutaten mit den Basilikumblättern im Shaker kräftig schütteln. Durch ein Teesieb in das Cocktailglas abseihen. Ein Basilikumblatt auf den Drink legen.

Martini Cocktail, Seite 46

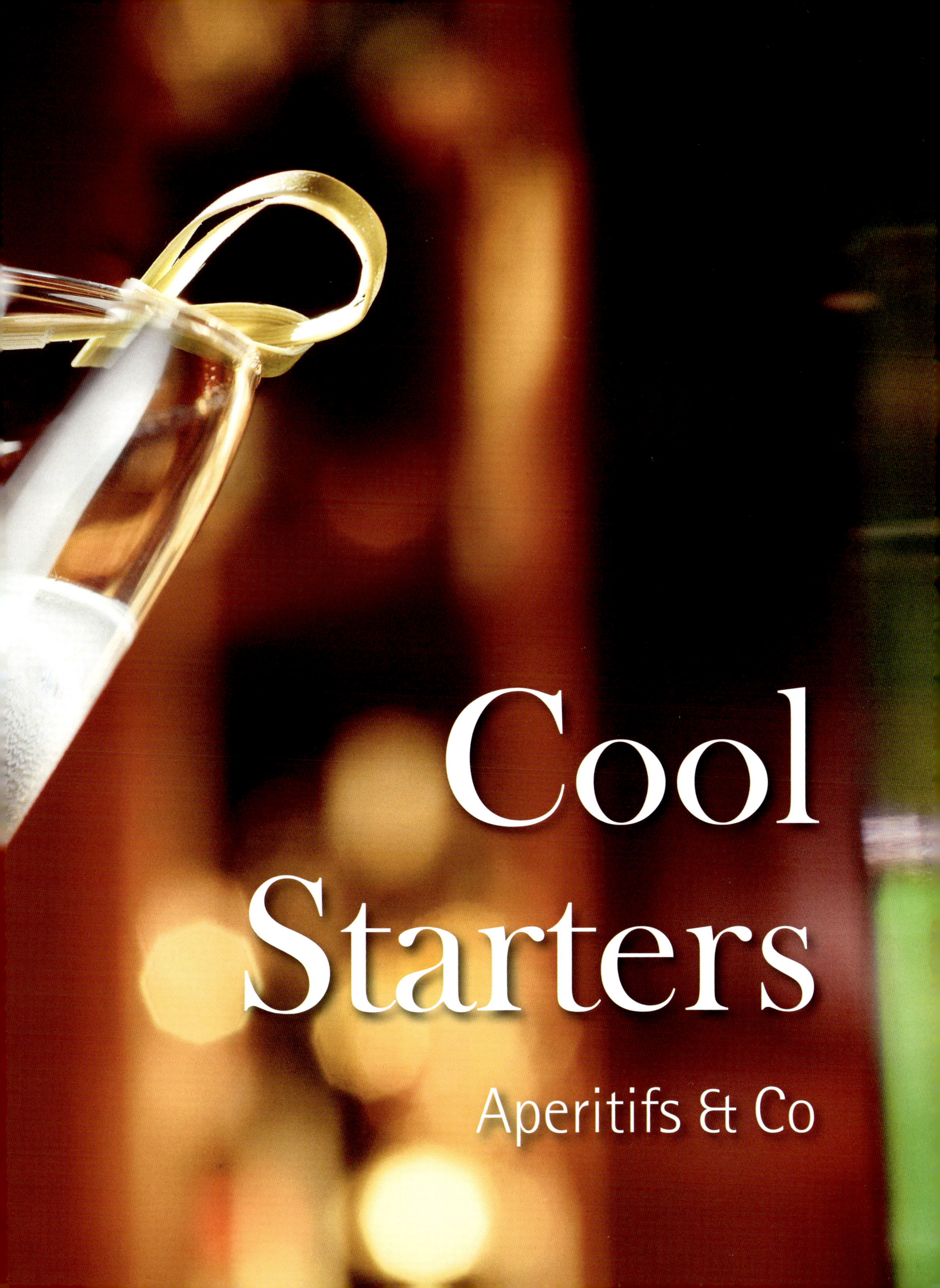

Cool Starters

Aperitifs & Co

Einer der großen Long Drinks – herb, erfrischend, klassisch. In einem schwungvoll-dynamischen Glas macht er sich besonders gut. Man sollte möglichst kein Mineralwasser verwenden, da die Mineralien den Geschmack negativ beeinflussen.

Americano

Eiswürfel

Longdrinkglas

2 cl Wermut Cinzano Rosso
2 cl Campari
2 Spritzer The Bitter Truth Aromatic Bitters
Sodawasser

Deko: Orangenscheibe, Cocktailkirsche

Das Longdrinkglas mit Eiswürfeln und allen Zutaten füllen, kurz umrühren. Orangenscheibe und Cocktailkirsche an den Glasrand stecken.

Wahrscheinlich im Jahre 1920 im Hotel Baglioni in Florenz kreiert und herrlich herb. Der Drink eignet sich perfekt als Starter für ein großes Essen.

Negroni

Eiswürfel

Tumbler

2 cl Campari
2 cl Wermut Cinzano Rosso oder Formula Antigua
2 cl Gordon's London Dry Gin

Deko: Orangenscheibe

Den Tumbler mit Eiswürfeln und allen Zutaten füllen, kurz umrühren. Mit der Orangenscheibe dekorieren.

Wer kennt ihn nicht? Seit fast 150 Jahren klassisch gerührt, mit der roten Kirsche, ist er einer der meistbestellten Cocktails der Welt, der auch das Cover dieses Buchs ziert.

Manhattan

Rührglas
Barsieb

Martini-Cocktail-Spitzglas

4 cl Canadian Club Rum
2 cl Wermut Rosso, z. B. Cinzano
1 Spritzer Angostura

Deko: Cocktailkirsche

Alle Zutaten in einem mit Eiswürfeln gefüllten Rührglas vermischen, dann in das vorgekühlte Cocktailglas abseihen. Cocktailkirsche ins Glas geben oder an Glasrand stecken.

Die Regel „Etwas Alkohol ist gut, viel ist besser" stimmt nicht. Vor allem zu Beginn einer Feier sollten die Gäste nicht schon nach dem ersten Glas in eine Schieflage geraten. Sirupe können Liköre ersetzen, um die Prozente zu reduzieren. Am besten hält man sich bei seinen ersten Mix-Versuchen konsequent an Rezepte aus guten Cocktailbüchern. Wer mit den Grundrezepten gut klarkommt, kann damit anfangen, Zutaten auszutauschen und zu experimentieren. Im Übrigen gilt: Die Qualität eines Cocktails misst sich immer an der schlechtesten Zutat. Beispielsweise kann billiger Saft den geschmacklichen Gesamteindruck trotz teurer Spirituosen spürbar mindern.

Aperol Spritz

Eiswürfel

Weinglas

4 cl Aperol
1/2 Glas trockener Riesling
1/2 Glas Mineralwasser

Deko: Orangenscheibe

Den Aperol mit ein paar Eiswürfeln ins Weinglas geben und das Glas je zur Hälfte mit Riesling und Mineralwasser auffüllen. Gut umrühren und die Orangenscheibe ins Glas geben.

Die spritzige Variante: Prosecco statt Riesling, den Cocktail im Weinglas oder in einem Tumbler servieren!

Als die Likörmarke Licor 43 einen Cocktailwettbewerb ausrief, war auch dieses Rezept unter den zahllosen Einsendungen. Uwe saß mit in der Jury und fand den Rojo einfach sensationell, und er nahm ihn mit in sein Repertoire auf. Sieger wurde ein anderer Drink.

Rojo

Shaker

Champagnerglas groß

3 cl Licor 43
1 cl Aperol
10 cl Piper Heidsieck Champagner
1 kleine rote, frische Chilischote
Sink: Erdbeersirup

Alle Zutaten gut shaken. In das vorgekühlte Glas geben. Die Chilischote vorsichtig anritzen und zufügen. Mit Champagner auffüllen, den Erdbeersirup einlaufen lassen.

White Lady

Shaker
Barsieb

Martini-Cocktail-Spitzglas

3 cl Gordon's London Dry Gin
2 cl Cointreau
3 cl Zitronensaft

Alles shaken und in das vorgekühlte Glas abseihen.

Auch dieser herb-klassische Cocktail kommt aus Paris. 1919 in London vom legendären Harry MacElhone kreiert, änderte er 1929 in Paris das Rezept in das heutige: Gordon's London Dry Gin, Cointreau und Zitronensaft.

Ca. 1918 in Paris entstanden: Der Name bezieht sich auf eine französische 75-mm-Artilleriekanone aus dem 1. Weltkrieg, die sehr genau treffen konnte. Daher auch der Spruch „Trifft dich mit unglaublicher Genauigkeit!“ – Uwes Lieblingsdrink.

French 75

Shaker	2 cl Gordon's London Dry Gin
Barsieb	2 cl Zitronensaft
	1 cl Zuckersirup
Champagnerkelch	Champagner, z. B. Piper Heidsieck

Gin, Zitronensaft und Zuckersirup shaken und in den vorgekühlten Champagnerkelch ohne Eis abseihen. Behutsam mit gut gekühltem Champagner auffüllen.

Der Klassiker mit der Olive. Verwendet man Wodka statt Gin, wird daraus der Lieblingsdrink von James Bond 007 – natürlich gerührt ... (Foto Seite 38)

Martini Cocktail

Rührglas
Barsieb

Martini-Cocktail-Spitzglas

1 Spritzer trockener Wermut, z. B. Cinzano Dry
7 cl Tanqueray London Dry Gin 47,3 %

Deko: Olive, auf Wunsch eine Zitronenzeste

Ein Rührglas großzügig mit Eiswürfeln füllen. Den Wermut hineingeben und umrühren. Wermut aus dem Glas wegschütten, die Eiswürfel verbleiben im Glas. Gin in das Rührglas geben und sehr kalt rühren. In das gut vorgekühlte Cocktailglas abseihen. Olive hineingeben, auf Wunsch auch mit einer Zitronenzeste abspritzen.

Wer sich für eine Silberzwiebel anstelle der Olive entscheidet, serviert einen Gibson Cocktail.

Der Aviation war schon in den 1930er-Jahren bekannt. Es ist nicht ganz klar, wie er im Original aussah, denn der „Crème de Violette" verschwand von den Barkarten. Veilchenlikör ist auch heute nur in gut sortierten Fachgeschäften erhältlich. Er verleiht dem Drink seine schöne Farbe.

Aviation Cocktail

Eiswürfel
Shaker
Barsieb

Cocktailglas

6 cl Beefeater Gin 47 %
3 cl frischer Zitronensaft
0,5 cl Maraschino-Likör
1 Barlöffel Veilchenlikör, z. B. The Bitter Truth Crème de Violette

Alle Zutaten mit Eiswürfeln kräftig im Shaker schütteln und in das Cocktailglas abseihen.

Der berühmte Klassiker aus Harry's New York Bar in Paris. Die Idee dazu entstand Anfang der 1920er-Jahre, als ein Motorrad mit Seitenwagen samt Fahrer und Beifahrer eines Abends mit Getöse in der Eingangstür der Bar landete.

Side Car

Shaker
Barsieb

Martini-Cocktail-Spitzglas

3 cl Remy Martin Cognac VSOP
2 cl Cointreau
3 cl Zitronensaft

Alle Zutaten kräftig shaken und in das vorgekühlte Glas abseihen.

Silent

Summit, Seite 56

Whispers

Drinks für harte Kerle & toughe Girls

Bekannt geworden ist der Gimlet durch Raymond Chandlers Roman „Der lange Abschied", in dem der coole Privatdetektiv Philip Marlowe gerne diesen Drink zu sich nimmt. In der Verfilmung von Robert Altmann „Der Tod kennt keine Wiederkehr" originell und ganz in 1970er-Jahre-Manier verkörpert von Elliott Gould.

Gimlet

Rührglas Barsieb	4 cl Gordon's London Dry Gin 2 cl Rose's Lime Juice Cordial
Martini-Cocktail-Spitzglas	Beide Zutaten im Rührglas kalt rühren und in das vorgekühlte Glas abseihen.

Uwes Barkarte hat eine Rubrik, in der er in abwechselnder Reihenfolge vergessene Drinks, vorstellt wie z. B. diesen Cocktail aus dem Jahr 1919.

Klub Cocktail

Crushed Ice	4 cl Gordon's London Dry Gin
Shaker	2 cl Wermut Cinzano Dry
	1 Spritzer Chartreuse gelb
Cocktailschale	2 Spritzer Orange Bitters
	1 Spritzer Zuckersirup

Alle Zutaten im Shaker schütteln und auf Crushed Ice servieren.

Dieser Cocktail stamm aus Harry Craddocks „The Savoy Cocktail Book" von 1930. Ursprünglich servierte man diesen Drink ausschließlich in den Schaltjahren – deshalb verschwand er wohl bald von den Cocktailkarten der Welt.

Leap Year Cocktail

Shaker
Barsieb

Old Fashioned oder Cocktailglas

4 cl Plymouth Gin
1 cl Grand Manier
1 cl Wermut Cinzano Bianco
1 Spritzer Zitronensaft

Deko: nach Wunsch eine Zitronenzeste

Alle Zutaten shaken und in das Cocktailglas abseihen. „Naked" oder mit einer Zitronenzeste dekoriert servieren.

Aus Audrey Saunders Pegu Club in New York. Mit der bekanntesten Barkeeperin der Welt verbindet Uwe Christiansen seit Jahren eine herzliche Freundschaft. Wer dort einen Drink zu sich nimmt, sollte sich einmal umsehen: Ganz versteckt finden sich dezente Hinweise auf St. Pauli ...

Pegu Club Cocktail

Shaker
Barsieb

Martini-Cocktail-Spitzglas

6 cl Plymouth Gin
3 cl Bols Dry Orange Curaçao
1,5 cl Limettensaft
1 Spritzer Angostura Bitters
1 Spritzer Orange Bitters

Deko: Limettenzeste oder -spirale

Alles kräftig shaken und in das gekühlte Cocktailglas abseihen. Limettenzeste oder -spirale an den Glasrand hängen.

Für Uwe Christiansen war es eine große Ehre, diesen Drink für den „Jahrhundertkoch" Eckart Witzigmann zu entwickeln. Das Rezept erschien im Magazin „Apero".

Macho Man's Martini

Crushed Ice	1 Kumquat, geviertelt
Shaker	1 Kugel Wassermelonenfleisch, ca. 2 cm im Durchmesser
Stößel	1 Kugel Salatgurke, ca. 2 cm im Durchmesser
Barsieb	6 cl Hendricks Gin 44 %
Teesieb	1 cl Aperol
großes Martini-Cocktail-Spitzglas	Deko: Gurken-Julienne (sehr fein geschnittene Gurkenstreifchen)

Kumquats, Gurke und Melone im Shaker zerstampfen. Gin und Aperol dazugeben, mit viel Crushed Ice kurz shaken. Nach dem Doublestrain-Verfahren erst durch das Barsieb und dann noch einmal durch ein feines Teesieb in das eiskalte Martiniglas abseihen. Mit der Gurken-Julienne dekorieren.

Der Summit wurde von den Top-Barkeepern der Welt auf Einladung großer Cognac-Häuser entwickelt. Uwe Christiansen hatte das Glück, daran teilnehmen zu können.

Summit

Eiswürfel	2 dünne Scheiben Ingwer, geschält
Stößel	2 Limettenzesten
	5 cl Remy Martin Cognac VSOP
Tumbler	6 cl Zitronenlimonade

Deko: Gurkenstreifen

Ingwerscheiben, Limettenzesten und zwei Zentiliter Cognac in den Tumbler geben, mit dem Stößel zerdrücken. Restlichen Cognac und Eiswürfel dazugeben und umrühren. Mit Zitronenlimonade auffüllen und nochmals umrühren. Gurkenstreifen ins Glas geben.

Uwe sollte zur Präsentation einer neuen Malt-Whiskey-Reihe etwas Besonderes kreieren und fühlte sich durch die Whiskey-Rhabarber-Idee beflügelt. Der Classic Rhubarb wurde zu einem durchschlagenden Erfolg.

Classic Rhubarb

2 große Eiswürfel

Tumbler

1 Barlöffel Vanillezucker
4 cl Auchentoshan Classic Malt Whiskey
4 cl Rhabarbernektar
1 Limetten- und 1 Zitronenzeste

Deko: Rhabarberstängel

Vanillezucker und zwei Zentiliter Whiskey in den Tumbler geben und so lange rühren, bis sich der Vanillezucker aufgelöst hat. Restlichen Whiskey, Rhabarbernektar und die Eiswürfel zugeben. Die Limetten- und die Zitronenzeste über dem Drink abspritzen. Den Rhabarberstängel ins Glas geben.

Nur Mut beim Mixen: Die meisten Alkoholika, Sirupe und Säfte lassen sich gut miteinander kombinieren. Dennoch gilt: Mehrere verschiedene Alkoholika machen einen Drink nicht besser. Oft erreicht man mit nur einer Sorte, wie beim klassischen Martini Cocktail mit Olive, sehr viel mehr. Weitere praktische Erfahrungen: Alkoholreiche Spirituosen verdrängen alkoholarme. Das Pärchen Sahne und Säure kann dazu führen, dass der Drink ausflockt, was gar nicht schön aussieht. Die Optik leidet auch, wenn Farben, wie Braun (Creme de Cacao) und Grün (Pfefferminzlikör), zusammenkommen – der kluge Barmann greift dann auf weißen Creme de Cacao zurück.

Für Uwe Christiansens spezielle Freunde Tine Wittler, Lars Meier und Matthias Onken entwickelte Version des White Russian Cocktails.

White Indian

Eiswürfel
Shaker

Tumbler

3 cl Old Monk Indian Rum
3 cl Borghetti Espresso-Likör
10 cl kalte, frische Vollmilch

Rum und Espresso-Likör mit ein paar Eiswürfeln in den Tumbler geben. Die Milch im Shaker kräftig aufschütteln und über den Drink legen.

Ernest Hemingways Lieblingsdrink – herb, bitter, stark. Für „echte Kerle“ – aber nicht für jeden Geschmack.

Daiquiri P. Hemingway

Crushed Ice
Shaker
Barsieb

Double Old Fashioned Glas

8 cl Havana Club Rum, 3 Jahre alt
2 cl Limettensaft
4 cl Grapefruitsaft
1 cl Maraschino-Likör

Deko: 2–3 Minzestängel mit kurzem Stiel

Alle Zutaten shaken und in das mit Crushed Ice gefüllte Glas abseihen. Mit den Minzestängeln dekorieren.

Diesen alten Drink entdeckte Uwe in einem Band seiner Sammlung von über 600 Cocktailbüchern – in Carl A. Seutter's Getränkebuch „Der Mixologist“ aus dem Jahre 1913. Es ist eins der ersten Mixbücher in deutscher Sprache und wurde in Leipzig verlegt.

Café Cocktail

Shaker
Barsieb

Champagnerkelch

4 cl Portwein
2 cl Asbach Uralt Cognac
2 cl Bols Creme de Cacao weiß
1 Eigelb
1 Barlöffel Rohrzucker

Deko: frisch geriebene Muskatnuss

Alle Zutaten im Shaker sehr kräftig schütteln. In den Champagnerkelch abseihen und etwas Muskatnuss auf den Drink reiben.

Brandy Alexander

Shaker	3 cl Remy Martin Cognac VSOP
Barsieb	3 cl Bols Creme de Cacao braun
	3 cl Sahne
Martini-Cocktail-Spitzglas	Deko: frisch geriebene Muskatnuss

Alle Zutaten mit Eiswürfeln in den Shaker geben und lange schütteln. Ins Cocktailglas abseihen und etwas Muskatnuss auf den Drink reiben.

Ein Stammgast von Uwe orderte den Drink so oft, dass das Rezept einen Platz in jener speziellen Kartei fand, in der die besonderen Getränkewünsche einiger Gäste notiert werden.

Colonel Cocktail

Eiswürfel	4 cl Makers Mark Bourbon Whiskey
Rührglas	1 cl Bols Apricot Brandy
Barsieb	1 Barlöffel Grapefruitsaft
	1 Barlöffel Zuckersirup
Martini-Cocktail-Spitzglas	1 Limettenzeste

Alle Zutaten mit Eiswürfeln im Rührglas kalt rühren und in das vorgekühlte Cocktailglas abseihen. Mit der Limettenzeste abspritzen und die Zeste ins Glas geben.

Einer der großen Klassiker. Der Whisky Sour wird hier nicht mit dem obligatorischen Bourbon zubereitet, sondern mit einem Tennessee Whisky. Uwe sagt aus Erfahrung: „Das macht ihn männlicher!"

Jack Daniels Sour

Eiswürfel	4 cl Jack Daniels Whisky
Shaker	3 cl Zitronensaft
Barsieb	1 cl Zuckersirup
Tumbler	Deko: Orangenscheibe, Kirsche

Alles gut shaken und in den mit Eiswürfeln gefüllten Whiskytumbler abseihen. Orangenscheibe und Kirsche an den Glasrand stecken.

Ein Pionier unter den Bargetränken: Dieser Whiskeydrink gilt offiziell als der erste schriftlich erwähnte Cocktail der Welt. Das Rezept erschien in der Zeitung The Balance Columbian Repository am 6. Mai 1806. Der Beitrag war sozusagen die Geburtsurkunde des Cocktails.

Old Fashioned

Eiswürfel
Tumbler

1 Barlöffel Rohrzucker
2 Spritzer Angostura Bitters
4 cl Makers Mark Bourbon Whiskey
Wasser zum Auffüllen

Deko: Orangenscheibe, Kirsche

Den Zucker mit etwas Wasser und Bitters im Tumbler verrühren, bis er sich gelöst hat. Den Bourbon und die Eiswürfel zufügen und umrühren. Die Orangenscheibe und die Kirsche ins Glas geben und leicht andrücken. Uwe Christiansen serviert den Drink mit einem kleinen Krug Wasser zum Verdünnen.

Uwes Barchef Eyck experimentierte lange mit dem Escorial-Kräuterlikör. Mit Erfolg: Old Glen wurde Uwes Lieblingsrezept aus Eycks Kräuterdrink-Kreationen.

Old Glen

Eiswürfel
Zündhölzer
Rührglas
Barsieb

Tumbler

2 cl Escorial Grün zum Flambieren
3 cl Glenfiddich Rich Oak Whiskey
3 cl Remy Martin VSOP Cognac
2 Spritzer The Bitter Truth Bar Convent Berlin Bitters
1 cl Zuckersirup

Den Escorial Grün im Tumbler anzünden, nach kurzer Zeit mit Eiswürfeln ablöschen und das Glas leeren. Alle anderen Zutaten im Rührglas kalt rühren. Dann den mit Escorial parfümierten Tumbler mit Eiswürfeln füllen und den Mix darüberseihen.

Hot Chili Estrella Gin, Seite 70

Luxury Desaster

Champagner-Drinks & Old School

Er wird auch gerne abgekürzt POW genannt, was zu Verwirrungen führt, da POW auch die englische Abkürzung für Kriegsgefangener ist. Damit erst gar keine Missverständnisse aufkommen, sollte der Drink – wie in Uwes Bar – ganz royal im Silberbecher gereicht werden.

Prince of Wales

Eiswürfel

Silberbecher

2 cl Remy Martin Cognac XO
2 cl Bols Dry Orange Curaçao
2 Spritzer The Bitter Truth Aromatic Bitters
1 Orangenscheibe
1 Kirsche
Champagner zum Auffüllen

Den Silberbecher mit Eiswürfeln füllen. Alle Getränkezutaten – bis auf den Champagner – dazugeben und umrühren. Die Orangenscheibe und die Kirsche in den Becher geben, leicht andrücken. Mit Champagner auffüllen.

Der Legendäre mit Würfelzucker – einer der ältesten Mixdrinks.

Champagner-Cognac Cocktail

Champagnerkelch

1 Zuckerwürfel
1 Spritzer Angostura Bitters
2 cl Remy Martin VSOP Cognac
Champagner zum Auffüllen

Deko: Orangenspirale

Zuckerwürfel mit Angostura tränkcn und in den Champagnerkelch geben. Den Cognac zugeben und kurz verrühren. Mit Champagner auffüllen und mit der Orangenspirale dekorieren.

Zum Valentinstag 2009 von Uwe Christiansen kreiert. Der Drink war dem Restaurant Copperhouse in St. Pauli gewidmet.

Cocomolo

Shaker	3 cl Malibu
	3 cl Uwe Christiansens Likör von der Melone
Champagnerkelch	6 cl Ananassaft
	1 Schuss Piper Heidsieck Champagner

Deko: Kirsche, Melonenbällchen

Malibu, Likör und Ananassaft zusammen shaken und ins Glas geben. Mit einem Schuss kaltem Champagner auffüllen. Mit der Kirsche und den Melonenbällchen dekorieren.

Wenn Uwe noch wüsste, woher dieser Drink stammt! Es ist nicht auszuschließen, dass er ihn vielleicht sogar einmal selbst erfunden hat. Wie auch immer, der beliebte Red Kiss steht schon seit über 20 Jahren auf Uwes Barkarten.

Red Kiss

Shaker	2 cl Captain Morgan Black 40 %
Barsieb	2 cl Peter Heering Cherry Kirschlikör
	2 cl Ananassaft
Champagnerglas groß	Piper Heidsieck Champagner zum Auffüllen

Deko: Kirsche, Ananas-Stückchen ohne Schale

Alle Zutaten – bis auf den Champagner – kurz shaken und in das Champagnerglas abseihen. Champagner sehr behutsam einfüllen. Die Kirsche und das Ananas-Stückchen ins Glas geben.

2007 von Uwe kreiert und serviert auf der Yacht von Hollywood-Beauty Bai Ling auf den Filmfestspielen in Cannes. Uwe mixte während der elf Tage Tausende Drinks. Teilweise war die Yacht so überfüllt, dass Grundberührung drohte.

Shanghai Baby Royal

Eiswürfel	1 cl Smirnoff Vodka
Shaker	1 cl Lycheelikör
Barsieb	0,5 cl Zitronensaft
	0,5 cl Grenadine
Champagnerkelch	1,5 cl Maracujanektar
	1 Zitronenspirale
	Piper Heidsieck Champagner

Deko: 1 frische geschälte Lychee

Alle Zutaten – ohne Champagner – shaken, in den gekühlten Champagnerkelch abseihen und mit Champagner auffüllen. Die Lychee hineingeben.

Kreiert von Uwe Christiansen für eine chinesische Firma in Hamburg. Der Drink steht auch auf der Barkarte der Imp Bar in Shanghai. Ursprünglich wurde er mit Tiger Beer aus Singapur zubereitet, heute verwendet Uwe das spanische Bier.

Hot Chili Estrella Gin

Eiswürfel

Bierglas

2/4 Limetten
1 kleine rote Chilischote
3 cl Plymouth Gin
2 cl Lycheelikör
0,5 cl Zuckersirup
Estrella Damm Bier oder vergleichbares mildes Bier

Deko: Limettenscheibe, Chilischoten

Die Limettenviertel im Glas andrücken. Die Chilischote vorsichtig anritzen. Achtung: je länger die Öffnung, desto schärfer der Drink! Eiswürfel ins Bierglas geben, Gin, Lycheelikör und Zuckersirup zugießen. Gut umrühren, mit Bier auffüllen und nochmals leicht umrühren. Chilischoten ins Glas geben, Limettenscheibe an den Glasrand stecken.

Als Uwe Christiansen 2006 Rezepte für die Eröffnung der Imp Bar in Shanghai brauchte, entschied er sich auch für dieses Rezept. Den Namen hatte er von der deutschen 1970er-Jahre-Rockband King Ping Meh übernommen. Was er nicht wusste: Es handelt sich um den Titel eines erotischen Werks aus dem alten China, das bis heute verboten ist. Dennoch kam der Drink unter dieser Bezeichnung in China auf die Barkarte.

King Ping Meh

Crushed Ice
Shaker
Barsieb

Double Old Fashioned Glas

3 cl Lycheelikör
2 cl Smirnoff Vodka
1 cl Zitronensaft
10 cl Maracujanektar
Sink: Grenadine

Deko: Melonenstück, Kirsche

Alle Zutaten shaken und in das mit Crushed Ice gefüllte Glas abseihen. Grenadine vorsichtig einlaufen lassen. Das Melonenstück und die Kirsche an den Glasrand stecken.

Das Original Martini-Cocktailrezept aus dem James-Bond-Film Casino Royal (2006). Im Christiansen's hängt ein Original-Autogramm von Mads Mikkelsen, der den fiesen Banker „Le Chiffre" im Film spielt.

Vesper

Shaker
Barsieb

Martini-Cocktail Spitzglas

4 cl Gordon's London Dry Gin
2 cl Smirnoff Vodka
1 cl Lillet Blanc

Deko: Zitronenspirale

Wie James Bond es mag: alles schütteln, nicht rühren! Anschließend in das gut vorgekühlte Cocktailglas abseihen. Die Zitronenspirale ins Glas geben.

Aus „Jerry Thomas Bartenders' Guide", einem der ersten Cocktailbücher überhaupt, erschienen 1862. Das Rezept wurde in der Christiansen's Bar leicht geändert und mit Chambord Likör ergänzt.

East India Cocktail

Eiswürfel	6 cl Remy Martin Cognac VSOP
Shaker	1 Spritzer Angostura Bitters
	1 Barlöffel Dry Orange Curaçao
Antikglas	1 cl Maraschino-Likör
	1 cl Chambord Likör

Deko: Kirsche

Alle Zutaten mit Eiswürfeln kurz shaken. Der Drink sollte nicht zu kalt getrunken werden. Am besten in einem sehr alten Glas servieren und mit der Kirsche dekorieren.

Entwickelt für das Magazin BEEF! zusammen mit Uwe Christiansens Barchef Eyck Thormann. Der Drink passt nach einem kräftigen Fleischdinner hervorragend als Digestif.

Beeftail!

Eiswürfel
Mörser
Shaker
Barsieb
Martini-Cocktail-Spitzglas

1 Barlöffel rosa Pfefferkörner
1 Barlöffel grobes Meersalz
1 Orangenscheibe
4 cl Remy Martin Cognac VSOP
1 cl Cassis de Bourgogne Giffard
1 cl Orangensaft
3 Spritzer The Bitter Truth Xocolatl Bitters
1 Barlöffel DOM Benedictiné

Pfeffer- und Meersalz im Mörser zerstampfen. Die Hälfte des Glasrandes mit der Orangenscheibe anfeuchten und in das Pfeffer-Salzgemisch tauchen, sodass davon etwas haften bleibt. Die restlichen Zutaten mit Eiswürfeln shaken und in das Spitzglas abseihen

Sehr alter Drink aus den Südstaaten der USA. Wird gern im Silberbecher serviert, schmeckt aber auch aus einem Glas. Uwe Christiansen bereitet ihn nur zu, wenn er über ausgezeichnete Minze verfügt.

Mint Julep

Crushed Ice	20 Blätter Minze
Trinkhalm	1 Barlöffel Rohrzucker
	6 cl Makers Mark Bourbon Whiskey
Silberbecher	Wasser

Deko: 2–3 Minzestängel mit kurzem Stiel

Die Minzeblätter mit dem Zucker und einem Zentiliter Wasser im Silberbecher zerstampfen. Ein paar Minuten ziehen lassen, dann die Minze entfernen. Crushed Ice und Whiskey dazugeben. Mit etwas Wasser auffüllen und gut umrühren. Mit den Minzestängeln dekorieren und mit Trinkhalm servieren.

Eine besonders zarte Versuchung: 12-jähriger Glenfiddich Malt Whiskey, edler Royale Deluxe Chambord Liqueur (Brombeer), Baileys und Sahne schmeicheln Gaumen und Zunge beim Trinken. Besser keine Kalorien zählen!

Purple Heather

Crushed Ice	4 cl Glenfiddich Whiskey, 12 Jahre
Shaker	3 cl Chambord Likör
Barsieb	2 cl Baileys
Trinkhalm	1 cl Sahne
Double Old Fashioned Glas	Deko: Minzestängel mit kurzem Stiel

Alle Zutaten sehr kräftig shaken und in das Glas abseihen. Mit Crushed Ice auffüllen, bis das Glas randvoll ist. Einen Minzestängel und den Trinkhalm hineinstecken.

Der bräunliche Paint-Remover, auf Deutsch „Farbentferner", wurde dem südamerikanischen Buch „The South American Gentleman's Compagnion" aus den 1930er-Jahren entnommen. Der Drink wurde damals auch „Hitlers Jitter Cocktail" (Hitlers Bibber-Cocktail) genannt. Übersetzt heißt der Drink Farbentferner. Vielleicht sollte der „Paint Remover" Mut machen, um die „Braunen" aus Südamerika zu „entfernen"!

Paint Remover

Eiswürfel
Shaker

Cocktailschale
oder Antikglas

6 cl Havana Club Rum, 3 Jahre alt
1 cl Bols Creme de Cacao weiß
1 cl Zuckersirup
1 cl Limettensaft

Alle Zutaten mit Eiswürfeln shaken und in ein möglichst traditionelles, altes Cocktailglas geben – fertig ist ein Retro-Cocktail, der zarten Gemütern die Farbe aus dem Gesicht pustet!

Für die Habano-Experten im Christiansen's kreiert, passt er sehr gut zu kräftigen Havanna-Zigarren.

Habano

Crushed Ice
Shaker
Barsieb

Cocktailschale

4 cl Havana Club Rum, Selección de Maestros
2 cl Bols Creme de Cacao braun
1 cl Giffard Cassis Noir de Bourgogne

Alle Zutaten mit Crushed Ice sehr kurz shaken. Ins Glas abseihen und ohne Eiswürfel servieren.

Dieser Tikidrink ist der Hausdrink in Uwe Christiansens Bar Cabana. Er wird mit einem kleinen Extraschnaps serviert, den der Gast dem Tiki- und Hausgott der Bar „Kona Loa" opfern kann, um ihn wohlwollend zu stimmen.

Kuna Loa

Eiswürfel
Shaker
Trinkhalm

Tikiglas

2 cl Sailor Jerry Spiced Rum
2 cl Havana Club Rum, 3 Jahre alt
2 cl Captain Morgan Black Rum 40 %
2 cl Falernum Rumlikör
2 Spritzer Angostura Bitters
2 cl Karamellsirup
2 cl Limettensaft
12 cl Ananassaft

Deko: etwas Zimtpulver, Orchideenblüte, evtl. Zimtstange

Alles im Shaker kräftig shaken und in das mit Eiswürfeln gefüllte Glas abseihen. Mit Zimtpulver bestreuen. Mit der Blüte dekorieren, Trinkhalm hineinstecken.

Virgin Mojito, Seite 80

Fruit & Juice

Wellness für die Seele

Dies ist eine alkoholfreie Version des Caipirinha und wurde im Meyer Lansky, dem heutigen Christiansen's, in den 1980er-Jahren serviert.

Ipanema

Crushed Ice

Double Old Fashioned Glas

1 Limette
1 gehäufter Barlöffel Rohrzucker
Ginger Ale, z. B. von Thomas Henry

Limette achteln und mit dem Zucker ins Glas geben. Leicht andrücken. Ginger Ale und Crushed Ice zufügen und umrühren. Am besten weißen Rohrzucker verwenden, er löst sich besser auf als brauner und macht das, was er soll – er süßt den Drink.

Wie bei allen Mixdrinks, die ohne Alkohol zubereitet werden können, kommt hier die Bezeichnung „Virgin" (jungfräulich) dazu. Der Virgin Mojito ist eine erfrischende Variante des kubanischen Nationalgetränks. (Foto Seite 78)

Virgin Mojito

Crushed Ice
Trinkhalm

Longdrinkglas

6/8 Limette
6 Blätter Minze
1 Barlöffel Rohrzucker
Sodawasser oder als Alternative Bitter Lemon, Ginger Ale oder Ginkgo

Deko: frische Minzestängel

Die Limettenachtel, die Minzeblätter und den Zucker im Glas zerstampfen. Dann nach Wahl Sodawasser, Bitter Lemon, Ginger Ale oder Gingko zugeben. Crushed Ice ins Glas geben und umrühren. Minzestängel und den Trinkhalm ins Glas stecken.

Bitter Lemon verleiht dem Cocktail ein herbes Aroma, Ginger Ale ein liebliches und Ginkgo sorgt für eine würzige Variante.

Uwe hat eine besondere Leidenschaft für Rhabarber. Als es in seinen jüngeren Jahren einmal bei Muttern Rhabarberkompott zum Nachtisch gab, machte er sich gleich daran, aus den gleichen Zutaten einen Drink zu kreieren. Rhubarb brachte schon überraschend viele Gäste auf den Geschmack.

Rhubarb

Crushed Ice
Trinkhalm

Double Old Fashioned Glas

1 Limette
1 Barlöffel Vanillezucker
ca. 15 cl Rhabarbersaft

Deko: Rhabarberstückchen und -stängel

Limette achteln und mit Vanillezucker im Glas zerdrücken. Rhabarbersaft und Crushed Ice zufügen, verrühren. Zwei bis drei Rhabarberstückchen in den Drink geben, den Stängel mit Trinkhalm ins Glas stecken.

Ein nahrhafter schöner Drink: Banana Daiquiri ohne Rum!

Alles Banane

Crushed Ice
elektrischer Mixer
Cocktailspießchen

großes Fancyglas

1 ganze Banane
6 cl Bananensaft
2 cl Limettensaft
1 cl Zuckersirup

Deko: 3 Bananenstückchen, 2 Kirschen

Alle Zutaten mit Crushed Ice im Mixer laufen lassen, bis eine sorbetartige Masse entstanden ist. Ins Glas füllen. Bananenstücke und Kirschen auf das Cocktailspießchen schieben und ins Glas geben.

Kein Schreibfehler im Namen des Drinks, sondern eine kleine Hommage an den Apfel. Die lieblich milde Komposition ist gleichermaßen mit Kirschlikör wie mit alkoholfreiem Kirschsirup ein Genuss.

Appletiser

Crushed Ice
Shaker
Cocktailspießchen

Fancyglas

3 cl Karamellsirup
3 cl Sahne
12 cl Apfelsaft
2 cl Zitronensaft
Sink: Kirschsirup nach Geschmack – je mehr, desto süßer!

Deko: Cocktailkirschen, Honigmelonenschnitz

Alle Zutaten – bis auf den Kirschsirup – shaken und in das mit etwas Crushed Ice gefüllte Glas geben. Den Kirschsirup vorsichtig zum Drink geben und einsinken lassen. Ein bis zwei Cocktailkirschen und den Honigmelonenschnitz auf das Cocktailspießchen schieben und dazu servieren.

Eine gute Bar erkennt man schon von außen: Sie ist sauber und einladend mit Namensschild und Inhaberhinweis. Das Personal kann Fragen kompetent beantworten, egal ob es sich um Mixgetränke oder Einzelspirituosen handelt. Alle Flaschen sind zu sehen und das, was der Barkeeper macht, erst recht! Eine ausführliche Barkarte gibt alle Preise an, was bösen Überraschungen vorbeugt. Und dann die Sanitärräume: Fehlt es hier an Hygiene, sieht es hinter den Kulissen wahrscheinlich auch nicht anders aus. Tschüss und weg!

Entwickelt 1999 für Uwe Christiansens Kumpel und Ex-Hot-Chocolate-Sänger Jim Ferguson. Ferguson tritt bis zum heutigen Tag in den Bars von Uwe Christiansen als Sänger auf.

Jim's

Crushed Ice
elektrischer Mixer

großes Fancyglas

5 cl Cranberrysaft
4 cl Apfelsaft klar
2 cl Limejuice
2 cl Kokosnusssirup
2 cl Grenadine

Deko: Honigmelonenschnitz, Kirsche

Alle Zutaten mit Crushed Ice im Mixer laufen lassen, bis eine sorbetartige Masse entstanden ist. Ins Glas füllen. Honigmelone mit Kirsche an den Glasrand stecken.

Frischer und gesunder Drink, kreiert für Marco Heinsohn von SAT 1 im Jahr 2002.

Carpe Diem

Eiswürfel	1/2 Limette
Trinkhalm	2 cl Karamellsirup
	8 cl Cranberrysaft
großes Fancyglas	Kombucha

Deko: je 1 Karambole- und Limettenscheibe, Kirsche

Die Limettenhälfte in 4 Stücke schneiden und im Glas zerdrücken. Karamellsirup, Cranberrysaft und Eiswürfel einfüllen. Kurz umrühren. Mit Kombucha das Glas bis zum Rand auffüllen. Kirsche, Karambole- und Limettenscheibe an den Glasrand stecken und mit ein oder zwei Trinkhalmen servieren.

Eigenkreation von Uwe Christiansen aus seiner Zeit in Südafrika. Spritzig-herb, wie die Wellen von Blue Waters, Uwes Lieblingsstrand im Durban der 1980er-Jahre.

Blue Waters Beach

Shaker
Trinkhalm
großes Fancyglas

6 cl frischer Grapefruitsaft
8 cl frischer Orangensaft
1 cl Zitronensaft
Mineralwasser
Sink: 1 cl Blue Curaçao-Sirup

Deko: je 1 Scheibe Orange, Zitrone und Limette, Kirsche

Fruchtsäfte im Shaker mixen und in das Glas geben. Mit Mineralwasser auffüllen, Blue Curaçao-Sirup darauf geben und einsinken lassen. Die Fruchtscheiben und die Kirsche „sonnenuntergangartig" am Glasrand dekorieren und Trinkhalm einstecken.

Red Vettel

Eine Kreation für den von Uwe Christiansen sehr geschätzten Formel-1-Piloten – in der Hoffnung, dass er mal auf einen Drink vorbeischaut ...

Eiswürfel

Fancyglas

4 Minzeblätter
2 Barlöffel Vanillezucker
1 cl Erdbeersirup
5 Erdbeeren, geviertelt
1 Dose Red Bull

Deko: Erdbeere, 2–3 Minzestängel mit kurzem Stiel

Minzeblätter mit Vanillezucker und Erdbeersirup leicht im Glas verreiben, die Erdbeerviertel und Eiswürfel dazugeben. Anschließend mit Red Bull auffüllen und umrühren. Die Erdbeere und die Minzestängel an den Glasrand stecken.

Baby Junior

Entwickelt von Christiansen's-Barchef Eyck Thormann für sein Buch „Teecocktails".

Eiswürfel
Shaker
Barsieb

Double Old Fashioned Glas

12 cl Samova Maybe Baby Tee oder ein Früchtetee
8 cl Maracujanektar
2 cl Grenadine
1 cl Limettensaft

Deko: Limettenscheiben

Tee zubereiten und gut abkühlen lassen. Alle Zutaten im Shaker mixen. Anschließend in das mit Eiswürfeln gefüllte Glas abseihen. Die Limettenscheiben auf den Drink legen.

Viva

Crushed Ice
Shaker
Trinkhalm

Double Old Fashioned Glas

2 cl Pfirsichsirup
1 cl Grenadine
12 cl Maracujanektar
1 cl Zitronensaft
1 Limettenscheibe

Deko: Limettenscheibe, Kirsche

Alle Zutaten shaken und über Crushed Ice ins Glas geben. Die Limettenscheibe über dem Drink auspressen und anschließend hineingeben. Mit der Limettenscheibe und der Kirsche dekorieren und einen Trinkhalm ins Glas stecken.

Schnuffi war der Spitzname von Uwe Christiansens Lieblingskellnerin Martina, die am Anfangserfolg des Christiansen's mitgearbeitet hat. Allabendlich zum Feierabend wurde ihr dieser Drink serviert. Wenn sie gut drauf war, auch mal mit 4 cl weißem Rum, dann wurde er „Schnuffi Deluxe" genannt. Der fruchtige Cocktail steht auch heute noch auf der Barkarte im Christiansen's und ist sehr beliebt.

Schnuffi

Eiswürfel
Shaker

großes Fancyglas

1 cl Cranberrysirup
1 cl Karamellsirup
4 cl Maracujanektar
8 cl Ananassaft
2 cl Zitronensaft

Deko: Honigmelonenschnitz, 2–3 Kirschen

Shaker mit Eiswürfeln füllen, alle Zutaten dazugeben, shaken und in das Fancyglas füllen. Honigmelonenschnitz mit Kirschen an den Glasrand stecken.

In die Bar geht man zum Trinken und nicht zum Essen. Dennoch sollte möglichst viel von der Glasdekoration genießbar sein, und sie ist auch zum Wegnaschen gedacht. Spießchen oder Reste legt man auf der Serviette ab, auf der vorher das Glas stand. Man kann sie auch ins leere Glas legen. Der Luxus früherer Zeiten in Form eines dezenten Tellerchens ist aus der Mode gekommen.

Eigenkreation von Uwe Christiansen, die unter verschiedenen Namen seit Jahren auf den Cocktailkarten der Welt zu finden ist. Dies ist die Variante aus Uwe Christiansens Tiki Bar Cabana am Hamburger Fischmarkt.

Moloka'i Fruit Punch

Eiswürfel
Shaker
Barsieb

großes Fancyglas

1 cl Grenadine
2 cl Zitronensaft
2 cl Orangensaft
8 cl Ananassaft

Deko: je 1 Scheibe Karambole, Zitrone und Orange, Kirsche

Alle Zutaten shaken. In das mit Eiswürfeln gefüllte Glas abseihen. Die Fruchtscheiben und die Kirsche an den Glasrand stecken.

Suffering Bastard, Seite 104

Party Mood

Get together & have Fun

Der brasilianische Nationaldrink mit Zuckerrohrschnaps heißt auf Deutsch so viel wie „Armer Bauer“. Uwe Christiansen benutzt in seinen Bars nur weißen Rohrzucker, weil der sich besser auflöst. Für die Hausbar reicht auch handelsüblicher weißer Zucker.

Caipirinha

Crushed Ice
Trinkhalm

Double Old Fashioned Glas

1 Limette
1 Barlöffel Rohrzucker
5 cl Cachaça, z. B. von Pitú

Die Limette achteln und kurz mit Rohrzucker im Glas zerstampfen. Cachaça und Crushed Ice zufügen und umrühren, Trinkhalm einstecken.

Das kubanisches Nationalgetränk wird erstmalig 1932 erwähnt und kommt vermutlich aus der „Bodegita Del Medio“ in Havanna, einer der beiden Stammbars von Ernest Hemingway.

Mojito

Crushed Ice	1 Limette
Trinkhalm	10 Blätter Minze
	1 Barlöffel Rohrzucker
Longdrinkglas	5 cl Havana Club Rum, 3 Jahre alt
	Sodawasser

Deko: Minzezweig

Die Limette achteln und kurz mit Minze und Zucker im Glas zerstampfen, Rum einfüllen und aufrühren. Crushed Ice dazugeben und mit Sodawasser auffüllen, erneut umrühren. Mit dem Minzezweig dekorieren. Trinkhalm ins Glas stecken.

Flying Kangaroo

Eiswürfel	2 cl Smirnoff Vodka
Shaker	2 cl Havana Club Rum, 3 Jahre alt
	2 cl Galliano
großes Fancyglas	3 cl Kokosnusssirup
	2 cl Sahne
	6 cl Orangensaft
	6 cl Ananassaft

Deko: je 1 Karambole-, Orangen- und Zitronenscheibe, 1 Kirsche

Alle Zutaten mit Eiswürfeln in den Shaker geben und mixen. In das mit Eiswürfeln gefüllte Glas abseihen. Die Karambole-, Orangen- und Zitronenscheibe sowie die Kirsche an den Glasrand stecken.

Einst benannt nach einem Surfer. Der hatte etwas zu viel von diesem Drink getrunken (der ursprünglich anders hieß) und „surfte" beim Versuch, das Lokal zu verlassen, torkelnd von Wand zu Wand.

Harvey Wallbanger

Eiswürfel	3 cl Smirnoff Vodka
	Orangensaft
Longdrinkglas	2 cl Galliano

Die Eiswürfel in das Longdrinkglas geben. Den Wodka zufügen und mit dem Orangensaft auffüllen. Zum Schluss den Galliano behutsam auf den Drink geben.

Popdiva Madonna trank ihn 1997 im New Yorker Rainbowroom. Auf Uwes Anfrage faxte der legendäre Barchef Dale Degroff das Rezept und es entstand eine transatlantische Kooperation mit dem Ergebnis, dass Dale und Uwe den „Cosmo“ zu einem der meistgetrunkenen Cocktails der Welt machten.

Cosmopolitan

Eiswürfel
Shaker
Barsieb

Martini-Cocktail-Spitzglas

2 cl Cointreau
3 cl Absolut Citron
1 cl Limettensaft
3 cl Cranberrysaft

Deko: Orangenschalen-Spirale

Alle Zutaten mit Eiswürfeln in den Shaker geben und mixen. In das Cocktailglas abseihen. Orangenschalen-Spirale in den Drink legen.

Der besondere Gag: Als Trinkhalm verwendet Uwe Christiansen bei der Bloody Mary eine Makkaroni-Nudel.

Bloody Mary

Eiswürfel
Trinkhalm

Longdrinkglas

4 cl Smirnoff Vodka
0,5 cl Zitronensaft
1 Spritzer Worcestershiresauce
1-2 Spritzer Tabasco
1 Prise Salz
1 Prise Pfeffer
Tomatensaft

Deko: Selleriestange

Das Longdrinkglas mit Eiswürfeln füllen. Wodka, Zitronensaft, Worcestershiresauce und die anderen Würzzutaten nach Geschmack zufügen und mit Tomatensaft auffüllen. Kräftig umrühren. Selleriestange und einen Trinkhalm ins Glas stecken.

Mit diesem Drink kreierte Uwe Christiansen den Deutschen Vizemeisterdrink 1998 in Frankfurt/Main. In einem spannenden Finale verlor er – mit minimalem Punkteabstand – gegen den heutigen Barchef aller Aida-Kreuzfahrtschiffe, Jochen Larisch.

Lemondori

Eiswürfel
Shaker
Trinkhalm
Fancyglas

2 Wassermelonenbällchen von ca. 1 cm Durchmesser
2 cl Absolut Citron
3 cl Uwe Christiansens Likör von der Melone, oder ein anderer Melonenlikör
2 cl Limettensaft
2 cl Limejuice
5 cl Pfirsichnektar

Deko: Kirsche, Wassermelonenstück mit Schale

Melonenbällchen in das mit Eiswürfeln gefüllte Glas geben. Die anderen Zutaten shaken und ins Glas geben. Kirsche und Melone an den Rand stecken, mit Trinkhalm servieren.

In Lynchburg, Tennessee, herrscht bis heute Alkoholverbot. Woran sich aber nicht jeder hält: Um nicht erwischt zu werden, wurde vor allem in früheren Zeiten unter anderem aus Marmeladengläsern getrunken, die man schnell zuschrauben und unauffällig ins Regal stellen konnte.

Lynchburg Lemonade

Eiswürfel

Lynchburg-Glas oder Henkelglas

4 cl Jack Daniels Whiskey
2 cl Cointreau
2 cl Limejuice
2 cl Zitronensaft
Zitronenlimonade

Deko: je 1 Zitronen- und Orangenscheibe, Cocktailkirsche

Glas mit Eiswürfeln und allen Zutaten füllen, kurz umrühren. Die Fruchtscheiben und die Cocktailkirsche ins Glas geben.

An der Westküste wird der Drink mit Cranberry Juice statt mit Cola zubereitet. Die ausgeprägte Säure des Safts verleiht ihm einen sehr erfrischenden Charakter.

Long Beach Icetea

Eiswürfel

Longdrinkglas

2 cl Smirnoff Vodka
2 cl Havana Club Rum 3 Jahre alt
2 cl El Jimador Blanco Tequila
2 cl Cointreau
2 cl Zitronensaft
zum Auffüllen Cranberrysaft

Deko: 1 große Zitronenscheibe

Das Longdrinkglas mit Eiswürfeln und allen Zutaten füllen, kurz umrühren. Wer den Drink gern etwas bitter mag, gibt noch 2 Zentiliter Gin dazu. Die Zitronenscheibe an den Glasrand stecken.

Die englische Art, zu erfrischen. Die Zutaten sind in dieser Kombination ungewöhnlich – aber Gurke, Apfel, Orange, Kirsche, Pimms, Limonade oder Ginger Ale finden dennoch harmonisch zusammen. Im Sommer ein Pflichtgetränk auf englischen Gartenpartys und bei Pferderennen.

Pimms No 1 Cup

Eiswürfel
Trinkhalm

Becherglas
mit Henkel

5 cl Pimms No 1
wahlweise Zitronenlimonade, Ginger Ale oder Champagner

Deko: je 1 Gurkenschalenstreifen, Apfelstück, Orangenscheibe und Kirsche

Henkelglas mit Eiswürfeln füllen, Zutaten hineingeben und umrühren. Wahlweise mit Zitronenlimonade, Ginger Ale oder Champagner auffüllen. Gurkenstreifen, Apfelstück, Orangenscheibe und Kirsche ins Glas geben. Trinkhalm einstecken.

Eine Legende unter den Longdrinks der Welt. Er fordert jeden Barkeeper heraus, denn es ist schwer, die Zutaten optimal auszubalancieren. „Eine Bar, die einen Gin Fizz gut hinbekommt, ist eine gute Bar", meint Uwe.

Gin Fizz

Shaker	4 cl Tanqueray Ten Gin 47,3 %
Barsieb	3 cl Zitronensaft
	1 cl Zuckersirup
Longdrinkglas klein	1 EL frisches Eiweiß
	Sodawasser

Deko: Zitronenscheibe

Alle Zutaten ohne Sodawasser kräftig shaken und in das mit Eiswürfeln gefüllte Glas abseihen. Mit Sodawasser aufspritzen. Die Zitronenscheibe an den Glasrand stecken.

French Sour

Eiswürfel	2 cl Pernod
Shaker	2 cl Bols Apricot Brandy
	2 cl Zitronensaft
Longdrinkglas	3 cl Orangensaft
	1 cl Grenadine

Deko: Orangenscheibe, Kirsche

Alle Zutaten mit Eiswürfeln im Shaker schütteln und in das Longdrinkglas abseihen. Orangenscheibe mit Kirsche an den Glasrand stecken.

Süß-cremiger Drink aus den Zeiten des Meyer Lansky. Aus der berühmten Bar des Cocktailkönigs Hubert Sterzinger wurde 1997 das Christiansen's.

Prince

Eiswürfel
Crushed Ice
Shaker
Barsieb
Trinkhalm

großes Fancyglas

2 cl Tequila, z. B. José Cuervo Silver
2 cl Licor 43
2 cl Kokosnusssirup
2 cl Sahne
10 cl Maracujanektar
frisch geriebene Muskatnuss

Deko: je 1 Melonenstück, 1/2 Erdbeere

Alle Zutaten mit Eiswürfeln im Shaker mixen und in das mit Crushed Ice gefüllte Glas abseihen. Mit Muskatnuss bestreuen. Das Melonenstück und die Erdbeerhälfte an den Glasrand stecken und mit dem Trinkhalm servieren.

Kann schon mal passieren, dass man beim Trinken nicht aufgepasst und am anderen Tag einen dicken Kopf hat. Erstens, die Vermeidungsstrategien: Zwischen den Drinks immer wieder ein Glas Mineralwasser trinken. Und bitte nicht den Helden spielen und das gesamte alkoholische Arsenal durchprobieren wollen! Zweitens, die Therapien für den Tag danach: Ganz viel Mineralwasser und wenn möglich, eine kräftige Hühnerbrühe zu sich nehmen. ASS bzw. Aspirin und Vitamine tun ebenfalls gut. Eine kühlende Dusche ist das beste Kreislaufmittel. Wer sich dann auch noch Ruhe und frische Luft gönnt, ist bald wieder fit.

Angeblich ein 1972 von den Rolling Stones entwickelter Drink. Er sollte so aussehen wie Fruchtsaft, damit niemand mitbekam, dass die Herren bereits am frühen Morgen becherten.

Tequila Sunrise

Eiswürfel

Longdrinkglas

4 cl Tequila, z. B. El Jimador Blanco
Orangensaft
Sink: 1 cl Grenadine

Deko: Orangenscheibe, Kirsche

Glas mit Eiswürfeln füllen, Tequila dazugeben und mit Orangensaft auffüllen. Kurz umrühren. Dann den Grenadine behutsam am Glasinnenrand sinken lassen. Orangenscheibe mit Kirsche an den Glasrand stecken.

Einer der Drinks, die in Christiansens Bar am häufigsten bestellt werden. Er entstand in den 1920er-Jahren im Shepards Hotel in Kairo.

Suffering Bastard

Crushed Ice	1/2 Limette
Shaker	3 cl Pampero Ron Anejo especial
Trinkhalm	3 cl Captain Morgan Black Rum 40 %
	1,5 cl Mandelsirup
Double Old	2 cl Limettensaft
Fashioned Glas	4 Gurkenscheiben
	Float: 1 cl weißer Robinson Rum 73 %

Deko: Gurkenscheiben, Minzezweig

Limette ins Glas pressen und hineingeben. Zur Hälfte mit Crushed Ice füllen. Restliche Zutaten mit Crushed Ice shaken und ins Glas gießen. Mit dem Rum floaten. Die Gurkenscheiben an die Glasinnenwand schieben. Den Minzezweig und den Trinkhalm einstecken.

Als Uwes Likör vom Kaffee beim Internationalen Spirituosen Wettbewerb (ISW) die Goldmedaille gewann, lieferte der Likör die Inspiration zu diesem Drink. Manche sagen, er sei ebenfalls preisverdächtig.

Rum Barrel Coffee Cooler

Crushed Ice
Shaker
Barsieb
Trinkhalm

Double Old Fashioned Glas oder Henkelglas

3 cl Pampero Ron Anejo especial
3 cl Captain Morgan Black 40%
3 cl Uwe Christiansens Likör von der Kaffeebohne oder ein anderer Kaffeelikör
3 cl Limettensaft
3 cl Maracujanektar
1 Spritzer Angostura

Deko: frisch geriebene Muskatnuss, 1–2 Limettenscheiben, Kirsche

Alle Zutaten mit Crushed Ice shaken und in das mit Crushed Ice gefüllte Glas abseihen. Muskatnuss über den Drink reiben. Mit der Limettenscheibe und Kirsche dekorieren und mit Trinkhalm servieren.

Entwickelt 2002 von Thomas Wangemann, der viele Jahre im Christiansen's als Barkeeper arbeitete. Er war bekannt für seine sehr „kräftigen" Mixturen.

Rum Runner

Eiswürfel	3 cl Malibu
Shaker	2 cl Havana Club Rum, 3 Jahre alt
Barsieb	2 cl Mount Gay Rum
	2 cl Captain Morgan Rum 40 %
Blechbecher	1 cl Pusser's Rum
	2 cl Limejuice
	1 cl Zitronensaft
	2 cl Ananassaft
	2 cl Maracujanektar
	frisch geriebene Muskatnuss

Deko: Limettenstück

Alle Zutaten im Mixbecher shaken und in den mit Eiswürfeln gefüllten Blechbecher abseihen. Etwas Muskatnuss über den Drink streuen. Mit dem Limettenstück dekorieren.

Hibiskuss

Eiswürfel	3 cl Peter Heering Cherry Kirschlikör
Shaker	2 cl Captain Morgan Black Rum 40 %
Barsieb	1 cl Grenadine
	8 cl Orangensaft
großes Fancyglas	8 cl Ananassaft

Deko: Ananasachtel, Kirsche

Alle Zutaten mit Eiswürfeln in den Shaker geben und mixen. In das mit Eiswürfeln gefüllte Glas abseihen. Ananasachtel mit Kirsche an den Glasrand stecken.

St. Pauli Killer

Crushed Ice	3 cl Havana Club Rum, 3 Jahre alt
Shaker	3 cl Captain Morgan Black Rum 40 %
Barsieb	3 cl Pampero Ron Anejo especial
	1,5 cl Apricot Brandy
Hurricane-Glas	1 cl Cointreau
	1 cl Zitronensaft
	je 1 Schuss Ananas-, Orangen-, Maracuja- und Grapefruitsaft
	Float: 2 cl Weißer Robinson Rum 73 %

Deko: frische Früchte

Alle Zutaten kräftig shaken und in das mit Crushed Ice gefüllte Glas abseihen. Den Rum vorsichtig auf den Drink geben und mit frischen Früchten dekorieren.

Mopo steht für Morgenpost, eine Hamburger Boulevardgazette. Da sie die Lieblingsmorgenlektüre von Uwe ist, bekam sie einen ihr gewidmeten Cocktail. Gelegentlich wird er auf Verlagsveranstaltungen gemixt.

MOPO-Cocktail

Eiswürfel	3 cl Havana Club Rum, 3 Jahre alt
Shaker	1 cl Karamellsirup
Barsieb	1 cl Zitronensaft
Trinkhalm	8 cl Apfelsaft klar
	1 cl Sahne
Longdrinkglas	Sink: 2 cl Cranberrysirup

Deko: Früchte der Saison: zum Beispiel Erdbeeren, Wassermelone oder roter Apfel

Alle Zutaten ohne den Cranberrysirup shaken, in das mit Eiswürfeln gefüllte Glas abseihen, den Cranberrysirup am Rand kreisrund einsinken lassen. Mit den Fruchtstücken dekorieren. Trinkhalm ins Glas stecken.

Die pure Ironie: Der „Nebelauflöser", wie der Drink in Kurzform übersetzt heißt, löst allenfalls das Gegenteil aus: Er benebelt, und nicht zu knapp. Schon mancher, der den stärksten Cocktail im Christiansen's bestellt hat, verlor anschließend die Kontrolle, was sich unter anderem schon im spontanen Singen sittenloser Lieder zeigte – auf dem Kiez eine unglaubliche Entgleisung!

Royal Navy Fog Cutter

Eiswürfel	2 cl Pusser's Navy Rum 75 %
Shaker	4 cl Captain Morgan Black Rum 40 %
Barsieb	2 cl Remy Martin Cognac VSOP
	2 cl Gordon's London Dry Gin
Blechbecher	1 cl Mandelsirup
	2 cl Zitronensaft
	10 cl Orangensaft
	Float: etwas Sherry Medium

Alle Zutaten mit Eiswürfeln in den Shaker geben und mixen. In das mit Crushed Ice gefüllte Glas abseihen. Sherry vorsichtig über den fertigen Drink geben.

Dieser Cocktail, an dem der sehr alkoholreiche Navy Rum nicht unerheblich beteiligt ist, hat schon manchen Seemann vom Mast gehauen. Im Christiansen's wird er in der Original-Blechtasse von den British Virgin Islands serviert.

Pusser's Painkiller

Eiswürfel	4 cl Pusser's Navy Rum
Shaker	3 cl Kokosnusssirup
Barsieb	6 cl Ananassaft
	5 cl Orangensaft
Blechbecher	frisch geriebene Muskatnuss

Deko: Orangenscheibe, Cocktailkirsche

Alle Zutaten mit Eiswürfeln in den Shaker geben und mixen, in den mit Eiswürfeln gefüllten Blechbecher abseihen. Mit etwas Muskatnuss bestreuen und mit der Orangenscheibe und der Cocktailkirsche dekorieren.

Mit diesem höllisch scharfen Drink verbindet Uwe Christiansen folgendes Ereignis, das sich während einer TV-Lifesendung abspielte: Trotz seiner sehr ernst gemeinten Empfehlung an die Fernsehmoderatorin, nur so zu tun, als ob sie den Cocktail probiert, nahm diese einen kräftigen Schluck. Anschließend konnte sie kaum die Kontrolle über sich behalten und war für einen längeren Moment außer Gefecht gesetzt.

Chilange

Crushed Ice
elektrischer Mixer

Cocktailschale

4 cl Christiansens Likör v. d. Kaffeebohne oder ein anderer Kaffeelikör
2 cl Cointreau
1 kleine ganze rote frische Chili, oder weniger, wenn es nicht so scharf werden soll

Deko: Meersalz, 1 Mandarinen- oder Clementinenstückchen

Den Rand der Cocktailschale mit dem Mandarinenstückchen anfeuchten und in Meersalz drücken. Likör, Cointreau und Chilischote mit Crushed Ice durch den Mixer laufen lassen. In das vorbereitete Glas abgießen. Das Clementinenstückchen auf den Rand stecken.

Touch Down

Eiswürfel
Shaker
Barsieb
Trinkhalm

Double Old Fashioned Glas

4 cl Smirnoff Vodka
2 cl Christiansens Likör vom Pfirsich oder ein anderer Pfirsichlikör
1 cl Zitronensaft
1 cl Grenadine
12 cl Maracujanektar

Deko: Kirsche, Limettenstück

Alle Zutaten mit Eiswürfeln in den Shaker geben und shaken. In das mit Crushed Ice gefüllte Glas abseihen. Die Kirsche und das Limettenstück in den Drink geben. Einen Trinkhalm einstecken.

Ein Kollege von Uwe hat einmal geschrieben: „Anstatt einen Zombie zu servieren, kann der Barkeeper dem Gast auch gleich einen Knüppel über den Schädel hauen.“ Dann doch lieber den Drink wählen!

Zombie

Eiswürfel
Shaker

großes Fancyglas

3 cl Havana Club Rum, 3 Jahre alt
3 cl Captain Morgan Black Rum 40 %
1 cl Bols Apricot Brandy
2 cl Zitronensaft
1 cl Limejuice
3 cl Ananassaft
3 cl Orangensaft
Float: 2 cl weißer Robinson Rum 73 %

Deko: Ananasscheibe, Kirsche

Alle Zutaten mit Eiswürfeln in den Shaker geben und shaken. In das mit Crushed Ice gefüllte Glas abseihen und vorsichtig den Rum darübergeben. Die Ananasscheibe und die Kirsche an den Glasrand stecken.

Sea Breeze

Eiswürfel

Longdrinkglas

4 cl Smirnoff Vodka
6 cl Grapefruitsaft
10 cl Cranberrysaft

Deko: Zitronenscheibe, Pink-Grapefruitscheibe

Den Wodka in das mit Eiswürfeln gefüllte Longdrinkglas füllen. Erst den Grapefruitsaft, danach den Cranberrysaft einfüllen. Die Zitronen- und Grapefruitscheibe an den Glasrand stecken.

Orgasmus, Seite 120

Time

for us

Stimmung für zwei

Um 1952 siegte dieser Drink bei den Cocktailweltmeisterschaften in den USA.

Golden Dream

Eiswürfel	2 cl Sahne
Shaker	2 cl Orangensaft
Barsieb	2 cl Galliano
	2 cl Cointreau
Cocktailschale	

Alle Zutaten zusammen mit Eiswürfeln in den Shaker geben und mixen. In die Cocktailschale abseihen.

Mit diesem Drink gewann Uwe Christiansen 1994 den großen Moskovskaya Cocktail-Wettbewerb. Das damalige Preisgeld war das höchste in Deutschland überhaupt und lag bei sensationellen 1.000 DM, heute ca. 500 Euro.

Moskalinka

Crushed Ice	2 cl Smirnoff Vodka
Shaker	2 cl Cointreau
Barsieb	2 cl Bols Creme de Cacao weiß
	2 cl Christiansens Likör vom Pfirsich oder ein anderer Pfirsichlikör
Double Old	2 cl Sahne
Fashioned Glas	frisch geriebene Muskatnuss

Deko: je 1 Orangenscheibe, Kirsche, Minzezweig

Alle Zutaten im Shaker mixen und in das mit Crushed Ice gefüllte Glas abseihen. Die Orangenscheibe und die Kirsche an den Glasrand stecken, den Minzezweig dazugeben.

Eigene Kreation von Uwe Christiansen aus den 1990er-Jahren.

Apple Strudel

Shaker	4 cl Licor 43
Barsieb	1,5 cl Apfel-Sirup
Cocktailspießchen	1 cl Zimt-Sirup
Trinkhalm	12 cl kalte Milch
Fancyglas	Deko: 1 Prise Zimt, Apfelschnitze, Kirsche

Alle Zutaten in einen Shaker geben und nicht zu kräftig schütteln, da Milch sehr stark schäumt. In das mit Eiswürfeln gefüllte Glas abseihen. Die Apfelschnitze fächerartig anordnen, mit etwas Zimt bestreuen und – auf das Cocktailspießchen gesteckt – auf den Drink legen. Minzezweig dazugeben und einen Trinkhalm einstecken.

1997 im ersten Jahr seiner Bar erwarb sich Uwe Christiansen mit diesem fruchtig-frisch-herben Cocktail das Vertrauen des lokalen Fernsehsenders Hamburg 1. Der Name des Drinks entsprach dem einer gleichlautenden Senderubrik.

City Life Cocktail

Crushed Ice	1 cl Jose Cuervo Silver Tequila
Shaker	2 cl Cointreau
Barsieb	2 cl Passoa
Trinkhalm	5 cl Grapefruitsaft
Weinglas	Deko: 3 bis 5 kleine Limettenstückchen, Limettenspirale

Alle Zutaten in den Shaker geben und shaken. In das mit Crushed Ice gefüllte Weinglas abseihen. Die Limettenstückchen und -spirale auf den Drink legen und einen Trinkhalm einstecken.

Wer 2010 in New York war, hat es sicher mitbekommen: Pink Honey war dort zu der Zeit der Trenddrink!

Pink Honey

Eiswürfel	3 cl Bärenjäger oder anderer Honiglikör
Shaker	2 cl Havana Club Rum, Selección de Maestros
Barsieb	4 cl Cranberrysaft
	1 Spritzer Limettensaft
Martini-Cocktail-Spitzglas	Deko: dünne Limettenscheibe

Alle Zutaten im Shaker mit Eiswürfeln shaken und in das Cocktailglas abseihen. Die Limettenscheibe schwimmend auflegen.

Entwickelt 2000 für die Latin-Sängerin Liza Da Costa, als sie ihren Sommerhit Banana Coco vorstellte. Der Drink wurde bei uns ein Hit, der Song jedoch nicht.

Banana Coco

Eiswürfel	4 cl El Jimador Blanco Tequila
Crushed Ice	2 cl Christiansens Likör von der Kaffeebohne oder ein anderer Kaffeelikör
Shaker	2 cl Kokosnusssirup
Barsieb	2 cl Sahne
	6 cl Orangensaft
großes Fancyglas	6 cl Bananensaft

Deko: je 1 Honigmelonen- und Bananenstück, Kirsche

Alle Zutaten mit Eiswürfeln in den Shaker geben und kräftig schütteln. In das mit Crushed Ice gefüllte Glas abseihen. Die Früchte an den Glasrand stecken.

1896 in dem Städtchen Daiquiri auf Kuba von Jenning Cox erstmals kredenzt. Rezept aus der Bar Floridita in Havanna.

Daiquiri

Shaker
Barsieb

Martini-Cocktail-Spitzglas

4 cl Havana Club Rum, 3 Jahre alt
3 cl Limettensaft
1 cl Zuckersirup

Alle Zutaten in den Shaker geben. Shaken und in das Cocktailglas ohne Eiswürfel abseihen.

Frozen Daiquiri:
Alle Zutaten mit Crushed Ice in einen elektrischen Mixer geben und laufen lassen, bis eine cremige Masse entstanden ist. In das Cocktailglas geben und mit einer Limettenscheibe garnieren. Einen Trinkhalm einstecken.

Cocktailkundige werden es gleich bemerkt haben: Der Schnuffi Deluxe (Seite 88) wird nach demselben Rezept zubereitet. Uwe nannte ihn Victorias als Dankeschön an seine langjährige Sekretärin namens Victoria.

Victorias

Eiswürfel	4 cl Havana Club Rum, 3 Jahre alt
Shaker	2 cl Karamellsirup
Barsieb	2 cl Cranberry Sirup
Cocktailspießchen	1 cl Zitronensaft
	4 cl Ananassaft
großes Fancyglas	8 cl Maracujanektar

Deko: 1–2 Honigmelonen-Stücke mit Schale, Kirsche, Physalis

Alle Zutaten mit Eiswürfeln in den Shaker geben und schütteln. In ein mit Eiswürfeln gefülltes Glas abseihen. Honigmelone, Kirsche und Physalis an den Glasrand stecken.

Alt, aber nicht „out“: Stand angeblich schon um 1935 auf der Getränkekarte des Ozeanliners RMS Queen Mary. (Foto Seite 112)

Orgasmus

Crushed Ice
Shaker
Barsieb
Double Old Fashioned Glas

2 cl Bols Creme de Cacaco weiß
2 cl Cointreau
2 cl Smirnoff Vodka
2 cl Amaretto
2 cl Sahne

Deko: Melonenstück, kleine Rispe rote Johannisbeeren

Alle Zutaten sehr kräftig im Shaker schütteln und in das mit Crushed Ice gefüllte Glas abseihen. Das Melonenstück und die Johannisbeerrispe an den Glasrand stecken.

Ein Drink, viele Variationen. Seine Beliebtheit hängt weniger mit den Zutaten bzw. mit dem Geschmack zusammen, sondern mehr mit dem Namen. Das vorliegende Rezept ist das älteste bekannte und stammt aus den späten 1950er-Jahren. Abweichend werden heute zeitgemäße Produkte verwendet.

Sex on the Beach

Eiswürfel
Crushed Ice
Shaker
Barsieb
evtl. Plastik- oder Holzspieß
Fancyglas groß

3 cl Skyy Vodka
2 cl Christiansens Likör von der Melone oder ein anderer Melonenlikör
1 cl Grenadine
6 cl Ananassaft
6 cl Cranberrysaft

Deko: z. B. Wasser- oder Honigmelonenstücke, Karambolescheiben

Alle Zutaten mit Eiswürfeln im Shaker kräftig schütteln. In das mit Crushed Ice gefüllte Glas abseihen. Die Obststücke auf einen Stick geben oder an den Glasrand stecken. Den Cocktail auf jeden Fall großzügig mit Obst dekorieren.

Dieser Rum-Cocktail gehört zu den beliebtesten Drinks. Er wurde 1944 in Oakland von Victor Bergeron, besser bekannt als „Trader Vic", erfunden. Hier die sehr erfolgreiche Variante des Klassikers von Uwe Christiansen.

Mai Tai

Crushed Ice
Shaker
Barsieb
Cocktailspießchen

Double Old Fashioned Glas oder Tikimug

3 cl Havana Club Rum, 3 Jahre alt
3 cl Captain Morgan Black Rum 40 %
1 cl Giffard Mandelsirup
2 cl Zitronensaft
5 cl Ananassaft
Float: 1 cl weißer Robinson Rum 73 %

Deko: Ananasstück, Kirsche, 2–3 Minzestängel mit kurzem Stiel

Alle Zutaten shaken und in das mit Crushed Ice gefüllte Glas abseihen. Mit Robinson Rum floaten. Das Ananasstück und die Kirsche an den Glasrand hängen, die Minzestängel ins Glas stecken.

Von Uwe für sein Shanghai-Projekt, der Imp Bar, kreiert.

Chinese Rose

Eiswürfel	2 cl Christiansens Likör vom Pfirsich, oder ein anderer Pfirsichlikör
Rührglas	1 cl Smirnoff Vodka
	1 cl Rosensirup
Champagnerkelch	10 cl Piper Heidsieck Champagner, gut gekühlt

Deko: Kirsche, Rosenblätter (ungespritzt)

Alle Zutaten außer Champagner in einem mit Eiswürfeln gefüllten Rührglas kurz kalt rühren. In den Champagnerkelch abseihen und mit Champagner auffüllen. Mit der Kirsche und ein paar Rosenblättern dekorieren.

Eine Spezialanfertigung für Hollywoodschauspielerin Bai Ling in dem Film „Shanghai Baby". Der Drink schaffte es in die Bars, der Film leider nicht in die Kinos.

Shanghai Baby

Shaker	2 cl Smirnoff Vodka
Barsieb	2 cl Lycheelikör
	1 cl Zitronensaft
Martini-Cocktail-	1 cl Grenadine
Spitzglas	3 cl Maracujanektar

Deko: Limettenscheibe oder Lychee

Alle Zutaten im Mixbecher shaken, in das Glas abseihen und die Limettenscheibe oder die Lychee auf den Drink legen.

Ein Drink, mehrere Entstehungsgeschichten: Um 1950 benannt nach Margarita Sames, einer angesehenen Dame der feinen Gesellschaft in Dallas/Texas. Oder auch von ihr selbst für einen Liebhaber entwickelt. Auch die Hollywood-Schönheit Rita Hayworth könnte Anlass für die Kreation dieses Cocktails gewesen sein ... Wie auch immer, Margarita ist einer der meistgetrunkenen Cocktails der Welt und nach Uwe Christiansens Beobachtungen besonders bei Airline Crews sehr beliebt.

Margarita

Eiswürfel
Shaker
Barsieb

Martini- Cocktail-Spitzglas

1 Zitronenstück
Salz
3 cl El Jimador Blanco Tequila
2 cl Cointreau
2 cl Limettensaft

Glasrand mit einem Stück Zitrone anfeuchten und in Salz drehen. Alle anderen Zutaten mit Eiswürfeln kräftig shaken, abseihen und ins Glas geben. Darauf achten, dass die Flüssigkeit nicht an den Glasrand kommt und kein Salz in den Drink gerät.

Jeder kann die Basis dieses Drinks ändern, indem er z. B. Vodka, Rum oder Tequila anstelle von Bourbon einsetzt. Wird er mit Scotch Whisky zubereitet, nennt er sich London Sour.

Whiskey Sour

Eiswürfel
Shaker
Barsieb

Sourglas oder Tumbler

4 cl Makers Mark Bourbon Whiskey
3 cl Zitronensaft
1 cl Zuckersirup

Deko: Orangenscheibe, Kirsche

Alle Zutaten shaken und in das vorgekühlte Sourglas oder in einen mit Eiswürfeln gefüllten Whiskeytumbler abseihen. Die Orangenscheibe und die Kirsche an den Glasrand stecken.

Zur Eröffnung von Uwes Discobar „Das Herz von St. Pauli" auf der Hamburger Reeperbahn legte die Firma Berentzen den kultig-legendären Fruchtlikör aus den 1970er-Jahren wieder auf.

Persiko Fizzer

Eiswürfel	4 cl Persiko „Das Herz von St. Pauli"
Shaker	3 cl Zitronensaft
Barsieb	1 cl Grenadine
	2 EL frisches Eiweiß
Longdrinkglas	Mineralwasser (Sodawasser)

Deko: Zitronenscheibe

Alle Zutaten bis auf das Mineralwasser kräftig und lange schütteln, bis sich ein Schaum gebildet hat. Dann alles in das mit Eiswürfeln gefüllte Glas abseihen. Anschließend den Shaker mit Mineralwasser füllen und gleich wieder ins Glas abseihen. Die Zitronenscheibe an den Glasrand stecken.

Outrigger Tiara, Seite 130

Summer

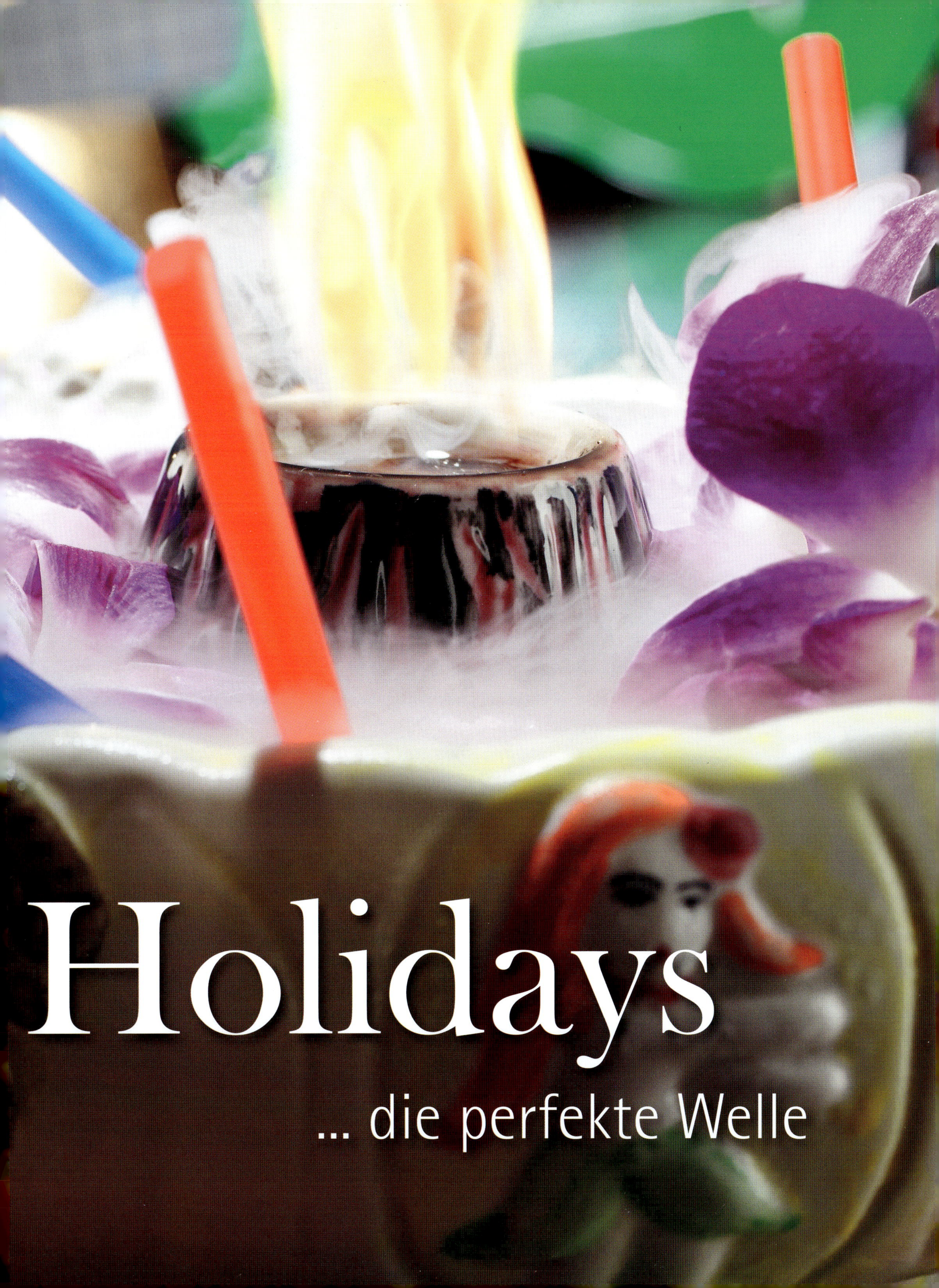

Holidays

... die perfekte Welle

Ein Drink aus den 1940er-Jahren. Soll in der Karibik entstanden sein, als dort die ersten elektrischen Mixer verfügbar waren.

Piña Colada

Eiswürfel	4 cl Havana Club Rum, 3 Jahre alt
Shaker	4 cl Kokosnusssirup
Barsieb	12 cl Ananassaft
	nach Wunsch 2 cl Sahne
großes Fancyglas	

Deko: Ananasstück, Ananasblatt, Kirsche

Alle Zutaten im Shaker mit Eiswürfeln mixen. In das mit Eiswürfeln gefüllte Glas abseihen. Das Ananasstück, -blatt und die Kirsche an den Glasrand stecken.

Der Drink wurde erstmals 1869 erwähnt. Damals war er ein reines Tee-Mischgetränk, das die Plantagenarbeiter auf den Karibikinseln gelegentlich mit Rum verfeinerten. Später kamen immer mehr Fruchtsäfte dazu. Uwes Variante ist fruchtig-leicht und lässt an den Sonnenschein der Karibik denken.

Planter's Punch

Eiswürfel	3 cl Havana Club Rum, 3 Jahre alt
Shaker	3 cl Captain Morgan Black Rum 40 %
Barsieb	1 cl Grenadine
	2 cl Zitronensaft
großes Fancyglas	8 cl Ananassaft
	8 cl Orangensaft

Deko: Ananasstück, Kirsche

Alle Zutaten im Mixbecher shaken und in das mit Eiswürfeln gefüllte Glas abseihen. Das Ananasstück und die Kirsche an den Glasrand stecken.

Einer der alten Tiki-Drinks, die in Christiansens Tiki-Bar Cabana serviert werden. Swizzeln heißt: Zutaten leicht miteinander verrühren.

Octopus' Swizzle

Eiswürfel
Trinkhalm

Tikimug

3 cl Captain Morgan Black Rum 40 %
2 cl Robinson Rum 73 %
2 Spritzer Angostura Bitters
4 cl Orangensaft
5 cl Maracujanektar
1 cl Zimtsirup
4 cl Sodawasser
Float: 1 cl Chambord Likör

Deko: Bananenstück mit Schale zur Krake formen. Dazu Fruchtfleisch bis auf das Endstück herausnehmen, leere Schale zu Fangarmen einschneiden, Gesicht aufmalen.

Alle Zutaten in den mit Eiswürfeln gefüllten Mug geben und umrühren. Die Bananen-Krake an den Rand stecken und mit Trinkhalm servieren.

Einer der wenigen Drinks, die es aus der internen Gästekartei bis auf die Barkarte schafften.

Puppet

Crushed Ice	4 cl Havana Club Rum, 3 Jahre alt
Shaker	1 cl Christiansens Likör vom Pfirsich oder ein anderer Pfirsichlikör
Barsieb	2 cl Sahne
	3 cl Kokosnusssirup
großes Fancyglas	10 cl Pfirsichnektar

Deko: Pfirsichstück, 2–3 Minzestängel mit kurzem Stiel, Kirsche

Alle Zutaten mit Crushed Ice kräftig shaken und alles ins Glas abseihen. Das Glas mit Crushed Ice auffüllen. Das Pfirsichstück, die Minzestängel in das Glas und die Kirsche an den Glasrand stecken.

Ein großer Spaß, wenn man ihn im kleinen Kreis zubereitet: Alle bedienen sich aus aus der Schüssel (Bowl), und in der Mitte brennt stimulierend der Vulkan (siehe Foto Seite 126).

Outrigger Tiara

Crushed Ice	3 cl Havana Club Rum, 3 Jahre alt
Eiswürfel	3 cl Captain Morgan Black Rum 40 %
elektrischer Mixer	3 cl Orangensaft
	3 cl Zitronensaft
Scorpionbowl	1 Schuss Bols Dry Orange Curaçao
	1 Schuss Grenadine

Deko: 73 % Rum, Orchideenblüte

Alle Zutaten mit Crushed Ice im Mixer zu cremigem Sorbet verarbeiten. In den Scorpionbowl oder ein anderes Glas gießen und mit einigen Eiswürfeln auffüllen. Den „Vulkan" mit dem Rum entzünden. Mit der Orchideenblüte dekorieren.

Ein typischer Tikidrink aus Uwe Christiansens Bar Cabana in Hamburg.

Honolulu Juicer

Crushed Ice
Shaker
Barsieb

Double Old Fashioned Glas

4 cl Southern Comfort Whiskey
3 cl Captain Morgan Black Rum 40 %
2 cl Zitronensaft
2 cl Limejuice
6 cl Ananassaft
1 Spritzer Zuckersirup

Deko: Ananasstück, Kirsche

Alle Zutaten mit Crushed Ice mixen und in das mit Crushed Ice gefüllte Glas abgießen. Das Ananasstück und die Kirsche auf den Drink legen.

Dafür stand einmal mehr Uwes Lieblingslikör Licor 43 Pate. Gelegentlich geht der Barbesitzer für den Hersteller auf Mixtour in Spanien, dem Heimatland des aus 43 Zutaten bestehenden Gewürzlikörs.

Fresh '43

Eiswürfel
Shaker
Barsieb

großes Fancyglas

2 cl José Cuervo blanco Tequila
2 cl Licor 43
2 cl Zitronensaft
1 cl Mandelsirup
3 cl Sahne
6 cl Maracujanektar

Deko: Melonenstück, 2 bis 3 Kirschen

Alle Zutaten mit Eiswürfeln in den Shaker geben und mixen. In das mit Eiswürfeln gefüllte Glas abseihen. Das Melonenstück und die Kirschen an den Glasrand stecken.

Ein Beispiel für die typischen Karibikdrinks der 1950er-Jahre.

Yellow Bird

Eiswürfel	2 cl Havana Club Rum, 3 Jahre alt
Shaker	2 cl Bols Creme de Banana gelb
Barsieb	2 cl Galliano
Trinkhalme	1 cl Zitronensaft
	8 cl Ananassaft
Fancyglas	8 cl Orangensaft

Deko: Bananenstück mit Schale, Kirsche, 3 Zitronen- oder Lorbeerblätter

Alle Zutaten mit Eiswürfeln in den Shaker geben und mixen. In das mit Eiswürfeln gefüllte Glas abseihen. Das Bananenstück wie auf dem Foto einschneiden, die Kirsche als „Ball" und die Blätter als „Flossen" hineinstecken. Mit einem schwarzen Stift ein Auge aufmalen. Den Drink mit Trinkhalmen servieren.

Hier wurde Uwes Leidenschaft für alles mit Kokusnussaroma trinkbar gemacht – und warum nicht mit einem Schokoriegel?

Meuterei mit dem Bounty

Crushed Ice
elektrischer Mixer
Trinkhalme

Tikiglas

1 Stück Bounty-Riegel (aus der 2er-Packung)
4 cl Havana Club Rum, 3 Jahre alt
4 cl Ananassaft
4 cl Bananensaft
4 cl kalte Milch
4 cl Kokosnusssirup

Deko: Schokosauce für Eiscreme, 1 Orchideenblüte

Alle Zutaten und eine Schaufel Crushed Ice in den Mixer geben. Mixen, bis eine sorbetartige Masse entstanden ist. Ins Glas füllen und etwas Schokosauce auf den Drink geben, sie wird sofort fest. Trinkhalme einstecken und mit der Blüte dekorieren.

Ein typisch karibischer Drink, benannt nach der bekannten Inselgruppe in der Karibik. Es gibt auch einen Bahama Papa, aber an dem tüftelt Uwe noch herum.

Bahama Mama

Eiswürfel	3 cl Malibu
Shaker	2 cl Pampero Ron Anejo especial
Barsieb	1 cl Grenadine
	8 cl Orangensaft
großes Fancyglas	8 cl Ananassaft

Deko: Ananasstück, Orangenscheibe, Kirsche

Alle Zutaten mit Eiswürfeln in den Mixbecher geben und shaken. In das mit Eiswürfeln gefüllte Glas abseihen. Das Obst an den Glasrand stecken.

Uwe hat eine Patentochter, die auf Rügen lebt. Das Mädchen heißt Lily Marie Jamila – ihr ist dieser Drink gewidmet. Jamila kommt ursprünglich aus dem Arabischen und bedeutet Schönheit.

Jamila

Crushed Ice	4 cl Amarula
Shaker	6 cl Kirschnektar
Barsieb	6 cl kalte Milch
Fancyglas	Deko: 2 bis 3 Kirschen

Alle Zutaten im Shaker kräftig shaken und in das mit Crushed Ice gefüllte Glas abseihen. Die Kirschen an den Glasrand hängen.

Luftikuss

Crushed Ice	5 bis 6 Limettenviertel
	1 Barlöffel Vanillezucker
Double Old	5 cl Lufthansa-Cocktail
Fashioned Glas	10 cl Rhabarbersaft

Die Limettenviertel im Glas kurz mit dem Vanillezucker zerdrücken, den Lufthansa-cocktail dazugeben und umrühren. Mit Crushed Ice auffüllen. Jetzt den Rhabarbersaft eingießen und nochmals umrühren.

Ein weltbekannter Cocktail, der schon 1915 erfunden wurde. Noch heute erfreut er sich am Ort seines Entstehens, dem Raffles Hotel in Singapur, größter Beliebtheit.

Raffles Singapore Sling

Eiswürfel	2 cl Gordon's London Dry Gin
Shaker	2 cl Peter Heering Cherry Kirschlikör
Barsieb	0,5 cl Cointreau
	0,5 cl DOM Benedectiné
Fancyglas	1 cl Zitronensaft
	1 cl Grenadine
	6 cl Ananassaft
	1 Spritzer Angostura Bitters
	1 Spritzer Eiweiß

Deko: Ananasstück, Kirsche

Alle Zutaten im Shaker kräftig shaken und in das mit Eiswürfeln gefüllte Glas abseihen. Das Ananasstück und die Kirsche an den Glasrand stecken.

Entwickelt von Uwe Christiansen zum Ersteinlauf der Queen Mary 2 in Hamburg. Er moderierte am 29. Juli 2005 eine Fernsehsendung über das Einlaufen des Schiffs und servierte bei dieser Gelegenheit diesen Drink. Das Rezept schenkte er der Cunard Line. Der Cocktail wird heute noch auf der Queen Mary 2 ausgeschenkt und gelegentlich fährt auch Uwe als Cocktail-Entertainer mit.

Queen Mary 2

Eiswürfel
Shaker
Barsieb

Martini-Cocktail-Spitzglas

1 Minzeblatt
3 cl Plymouth Gin
2 cl Cointreau
2 cl Zitronensaft
1 cl Grenadine

Deko: Pfefferminzblatt

Den Rand des vorgekühlten Glases mit dem Minzeblatt einreiben. Alle Zutaten mit Eiswürfeln im Shaker kräftig schütteln und ohne Eiswürfel ins Glas abseihen. Mit dem Pfefferminzblatt dekorieren.

Hendrick's Crushed

Crushed Ice

Double Old Fashioned Glas

5 Kumquats
1 Barlöffel brauner Rohrzucker
5 cl Hendrick's Gin 44 %
4 cl Limejuice

Deko: Kumquatscheibe

Die Kumquats vierteln, mit dem Rohrzucker ins Glas geben und zerdrücken. Gin und Limejuice zufügen und gut umrühren. Crushed Ice einfüllen und erneut umrühren. Die Kumquatscheibe auf den Drink legen.

Aus einer von Uwes Lieblingsbars der Welt, dem Don the Beachcumber, im kalifornischen Huntington Beach. Der Cocktail entstand um 1948.

Missionary's Downfall

Crushed Ice
elektrischer Mixer
Cocktailspießchen
Trinkhalme

Tiki-Glas oder Fancyglas

4 cl Havana Club Rum, 3 Jahre alt
1 cl Zuckersirup
2 cl Uwe Christiansens Likör vom Pfirsich oder ein anderer Pfirsichlikör
3 cl Limettensaft
1 kleines Ananasstück
4 frische Minzezweige

Deko: Minzestängel mit kurzem Stiel, Ananasscheibe mit Schale, Kirsche

Alle Zutaten mit Crushed Ice durch den Mixer laufen lassen, alles ins Glas geben. Ananasstück und Kirsche auf den Spieß stecken und mit Minzestängel im Drink dekorieren. Mit ein bis zwei Trinkhalmen servieren.

Eine Spezialanfertigung für die ARD-Serie „Sterne des Südens". Darin spielte Uwe neben Mark Keller und Maria Ketikidou einige kleine Rollen. Die Cocktail-Premiere war auf einer Filmparty in Marmaris/Türkei.

Southern Star

Eiswürfel	2 cl Havana Club Rum, 3 Jahre alt
Shaker	2 cl Christiansens Likör vom Pfirsich oder ein anderer Pfirsichlikör
Barsieb	1 cl Limettensaft
Cocktailspießchen	6 cl Pfirsichnektar
Trinkhalme	4 cl Apfelsaft klar
Fancyglas	Deko: Karambolescheibe, 1 Kirsche, Limettenscheibe, Kirsche, 2–3 Limettenstückchen

Alle Zutaten mit Eiswürfeln in den Shaker geben und mixen. In das mit Eiswürfeln gefüllte Glas abseihen. Karambole- und Limettenscheibe mit der Kirsche aufspießen und an den Glasrand stecken. Die Limettenstückchen in den Drink geben.

Ein ungewöhnlicher Drink für den unbedingt ein Boston-Shaker benutzt werden muss, da das Glasteil des Shakers als Trinkglas funktioniert.

Dizzy Sailor

Crushed Ice
Stößel
Boston-Shaker

3 geviertelte Kumquats
1 Barlöffel brauner Rohrzucker
4 cl Sailor Jerry Spiced Rum
10 cl Fritz Kola

Deko: 1 in Scheiben geschnittene Kumquat

Kumquatviertel und Zucker in den Glasteil des Shakers geben und mit einem Stößel zerdrücken. Den Rum und etwas Crushed Ice zugeben, Metallteil des Shakers aufsetzen und kräftig schütteln. Den Shaker öffnen, den Drink im Glasteil des Shakers mit Kola auffüllen, etwas Crushed Ice zugeben. Die Kumquatscheiben auf den Drink legen und servieren.

Dies ist der erste jemals von Uwe kreierte Drink. Stammt aus seiner Anfangszeit im Kapstädter Nightclub Charlie Parkers 1983.

Charlie Parkers

Eiswürfel
Crushed Ice
Shaker
Fancyglas

2 cl Remy Martin Cognac VSOP
2 cl Bols Apricot Brandy
1 cl Grenadine
2 cl Sahne
10 cl Orangensaft

Deko: Orangenscheibe, Kirsche

Alle Zutaten mit Eiswürfeln in einen Shaker geben und kräftig schütteln. In das mit Crushed Ice gefüllte Glas füllen. Mit der Orangenscheibe und der Kirsche dekorieren.

Einmal geöffnet, kann der Inhalt einer Flasche trotzdem lange halten. Man muss sie aber richtig behandeln – vor allem kühl: Nie direktem Sonnenlicht aussetzen und Temperaturschwankungen vermeiden. In Einzelfällen haben Spirituosen sogar noch nach Hunderten von Jahren Freude gemacht. Ausnahmen: Cremeliköre, Frischfruchtliköre, Sirupe und nur leicht alkoholische Spirituosen, etwa Sherry oder Port, können trotz optimaler Lagerung nach einiger Zeit kippen, wie es in der Mixersprache heißt. Im Laborzubehörhandel (auch über Ebay & Co.) bekommt man eine Spezialfolie namens Parafilm. Damit lassen sich Flaschen perfekt versiegeln, und der Inhalt bleibt frisch.

Von Uwe für eine ganz spezielle Person in seinem Leben kreiert. Ein frischer sommerlicher Drink, der auch mal einen der Regentage in Hamburg vergessen lässt.

Yvonne

Eiswürfel	2 cl Smirnoff Vodka
Shaker	2 cl Uwe Christiansens Likör vom Pfirsich
Barsieb	1 cl frischer Zitronensaft
Cocktailspießchen	8 cl frischer Orangensaft
Fancyglas	Deko: frische Pfirsichstücke (oder Dosenpfirsiche), Cocktailkirschen

Alle Zutaten mit Eiswürfeln in den Shaker geben und kurz shaken. Nun alles in ein mit wenigen Eiswürfeln gefülltes Glas abseihen. Mit dem Obst dekorieren.

Register

Cocktails auf Basis von:

Impressum

Autoren

Uwe Christiansen ist in der deutschen Barszene seit 1991 bekannt, unter anderem durch seine journalistischen Tätigkeiten in diversen Fachzeitschriften sowie zahlreichen TV- und Radioauftritten. Die große Medienpräsenz machte Uwe Christiansen zu einem der bekanntesten Barkeeper in Deutschland und Europa. 2008 fand ein erstes Treffen der einflussreichsten Mixologen der Welt in Cognac statt, zu denen auch Christiansen und drei weitere Deutsche gehörten. Seit 1981 steht er hinter dem Tresen u. a. in Südafrika, Griechenland und mehreren Kreuzfahrtschiffen, z. B. Queen Elizabeth 2 oder auf der Queen Mary 2 als Cocktaillektor. Als Berater für große Saft- und Spirituosenhersteller hat er so manchem neuen Produkt zu Entwicklung und Start verholfen (Lufthansa Cocktail, Pussers Navy Rum 75 %, Persiko). Er lancierte seine eigene Spirituosenmarke auf dem deutschen Markt: „Uwe Christiansens Likör" von der Kaffeebohne, Melone, Ei oder Pfirsich, die bereits große Goldmedaillen auf internationalen Wettbewerben gewannen. Bleibt noch Zeit, werden auch gerne Bars beraten (Shanghai, Celle, Hamburg). Zunehmend moderiert er Fachmessen und Awards in Deutschland. Seit 2001 gehört Christiansen dem deutsch-französischen Leaders Club an, einer exklusiven Vereinigung von innovativen Gastronomen aus vielen europäischen Ländern. Seit mehreren Jahren ist er im Vorstand der IG St. Pauli.

Der Co-Autor Martin Lagoda, Jahrgang 1952, machte nach mehreren Jahren als Redakteur bei Tageszeitungen sein Koch-Hobby zum Beruf: Er ging als Küchenredakteur zum Magazin „Der Feinschmecker", baute bei „Living at Home" das Food-Ressort mit auf und war Chefredakteur verschiedener Food-Zeitschriften, u. a. von „essen & trinken". Heute schreibt er als freier Autor Bücher und Zeitschriftenartikel.

Dank

Für die Bereitstellung der Gläser und Barausstattung danken wir der APS, glass & bar supply.

Hinweis

Das vorliegende Buch ist sorgfältig erarbeitet worden. Dennoch erfolgen alle Angaben ohne Gewähr. Weder Autor noch Verlag können für eventuelle Nachteile oder Schäden, die aus den im Buch gegebenen Hinweisen resultieren, eine Haftung übernehmen.

Bildnachweis

Fotografie: Christian Lohfink
Mit Ausnahme von: Cinetext Bildarchiv: 50/51 (Der Tod kennt keine Wiederkehr, USA 1973, Regie: Robert Altman); Fotolia.com: 54/55 (Konstantin Sutyagin), 86/87 (Sean Gladwell), 94/95 (Alexander Yakovlev), 122/123 (vsurkov), 134/135 (artproba); Gettyimages: 44/45 (Jenni Holma/Flickr), 60/61 (Darren Greenwood/Photographer s Choice), 100/101 (Chip Yates/Brand X Pictures), 108/109 (Twins); Privatarchiv Uwe Christiansen: 12, 13, 14; Shutterstock: 72/73 (ErickN)

Redaktionsleitung Susanne Kirstein
Redaktion Manuela Krämer M. A., Mering
Cover, Layout & Producing Eva M. Salzgeber, Neubeuern
Bildredaktion Tanja Nerger

Reproduktion PrePrint-Produktion Zoran Dietner, München
Druck und Verarbeitung Neografia, Martin

Printed in Slovakia

ISBN 978-3-517-08747-4
9817 2635 4453 6271

MIX
Aus verantwortungsvollen Quellen
FSC® C020353

Verlagsgruppe Random House FSC®-DEU-0100
Das für dieses Buch verwendete FSC®-zertifizierte Papier *Profisilk* liefert Sappi, Alfeld.